뿌리와 열매:
바울과 야고보의 칭의 논의

뿌리와 열매

2022년 5월 29일 초판 인쇄
2022년 6월 2일 초판 발행

지은이   조엘 R. 비키 & 스티븐 J. 로슨
옮긴이   김태형
펴낸이   오은혜
교정   김지용, 김다운
디자인   스튜디오 아홉
펴낸곳   퓨리탄리폼드북스

등록번호   제2021-000034호(2017.6.12)
주소   충남 아산시 모종북로 22 102-1501
이메일   puritanbooks3@gmail.com
카페   https://cafe.naver.com/puritanbooks
페이스북   www.facebook.com/puritanbooks

ISBN 979-11-979311-1-6   03230

본서는 2010년 필라델피아 개혁신학 컨퍼런스(Philadelphia Conference on Reformed Theology, PCRT) 때 저자들의 강연을 편집해 책으로 간행한 것이다.

ROOT & FRUIT:
Harmonizing Paul and James on Justification

뿌리와 열매:
바울과 야고보의 칭의 논의

조엘 비키 & 스티븐 로슨 지음 | 김태형 옮김

퓨리탄
리폼드
북스

우리는 아브라함이 의롭다 여김 받은 것에 대한 두 다른 설교를 듣는다. 먼저 바울 목사는 오직 믿음으로 의롭게 된다는 사실을 명백하게 선포한다. 그런데 야고보 목사의 설교를 듣자니 조금 다르게 들린다. 그 표현대로라면, 마치 이렇게 외치는 것 같다: "여러분, 보시다시피 사람은 믿음만이 아니라 행함으로 함께 의롭다 여김을 받는 것입니다." 이제 우리 앞에 두 가지 문제가 놓여 있다. 〈문제 1〉: '두 설교는 서로 모순되는 것처럼 보인다.' 〈문제 2〉: '사실 바울 목사는 사도 바울이고, 야고보 목사는 주님의 형제 야고보인데, 도대체 어떻게 하란 말인가?' 우리 시대 가장 영향력 있는 설교자들의 공저, 〈뿌리와 열매〉에서 두 저자는 우리에게 친절하게 성경을 강해하며 이 "문제들"을 해결할 수 있게 돕는다. 다소 스포일러가 될 수 있겠지만 여기서 존 칼빈의 표현을 빌려오지 않을 수 없다: 우리가 성화를 위해서는 그리스도를 받아들이지 않으면서, 오직 칭의만을 위해 그리스도를 받아들인다고 한다면, 그것은 "그리스도를 갈기갈기 찢는 것이다."

야고보서 2장 24절과 로마서 3장 28절을 각자 따로 비교하면, 바울과 야고보가 서로 견해를 달리하는 것처럼 보일 수 있다. 그러나 해당 문맥에 주의하면, 전혀 다른 안목을 얻게 될 것이다. 야고보는 방종하는 자들을 꾸짖고 있는 반면, 바울은 율법주의를 거부하고 있다. 둘 다 믿음에 의한 칭의를 변론함에 있어서 생각을 같이 한다. 그들은 양극단에 치우친 자들, 즉 복음을 공격하는 다른 두 대적들을 대상으로 싸우는 것이다. 조엘 비키와 스티븐 로슨은 해당 본문을 신중하게 풀어내 탁월한 방식으로 명쾌하게 분석한다. 그리하여 바울과 야고보가 복음의 진리의 모든 면에서 완전히 합의하고 있음을 확실하게 증명한다. 결코 쉽지 않은 주제에 관해 우리에게 엄청난 도움을 주고 있다. 훨씬 두껍고 무거운 다른 여러 책보다도 더 중요한 책이 분명하다.

문제의 핵심을 명쾌하고 간결하게, 매우 솔직하게 다룬 책이다. 저자는 성경 본문이 서로 조화를 이루고 있음을 확증하며, 바울과 야고보가 우리에게 이신칭의 교리의 완성된 통합적 그림을 제시하는 방식을 일말의 모순 없이 보여준다. "1온스ounce의 예방이 1파운드pound의 치료만큼 가치 있다"라는 격언이 잘 맞아떨어지는 책이다. 이 간명한 글에 담긴 위대한 진리는 수많은 사람을 바른 길로 회심하게 할 것이며, 특히 자신들에게 맡겨진 영혼들을 상담하는 목자들에게 큰 도움을 줄 것이다. 전도, 신앙상담, 소그룹 모임 등에 엄청난 효과를 나타낼 것이 분명하다.

—폴 워셔(Paul David Washer),
Director, HeartCry Missionary Society

이 책을 통해 우리는 조엘 비키와 스티븐 로손에게 큰 빚을 졌다. 이 책은 독자들로 하여금 칭의에 대한 이해와 교훈에서 야고보와 바울 사이에 모순점이 없음을 보게 한다. 복음에 대한 정확한 교리적 이해는 구원, 특히 구원에 대한 자신감 있는 확신에 매우 중요하다. 그러므로 복음의 진리에 관해서만큼은 우리 스스로 혼란스럽게 해서는 절대로 안 된다. 우리의 영원한 구원은 오직 예수 그리스도를 믿는 믿음을 통한 하나님의 은혜로 이뤄진다. 동시에 이 구원은 하나님 백성으로 하여금 선한 행위를 낳게 하는 구원이다. 이 책을 꼭 한번 읽어보라. 이 중요한 문제와 관련해 다시는 흔들

리지 않게 될 것이다!

—콘라드 음베웨(Conrad Mbewe),
Pastor, Kabwata Baptist Church

의롭다함을 받는 은혜는 믿음으로 말미암으며, 거룩하게 하시는 은혜는 믿음에 근거한 행함으로 나타난다. 이 책의 제목이 말하듯이, 믿음과 행함은 뿌리와 열매라는 관계를 갖는다. 열매는 뿌리에서 나오는 것이며 그 반대는 아니다. 열매를 맺지 않는 뿌리가 있을 수 있을까? 그럴 수 없다. 칭의의 수단은 오직 믿음뿐이로되, 칭의의 믿음은 성화의 열매를 필연적으로 맺는다. 이것은 의롭다함을 받는 믿음도 성령 하나님의 은혜로 인한 것이며 믿음의 열매인 순종 또한 성령 하나님의 은혜로 인한 것이기 때문이다.『뿌리와 열매』는 믿음과 행함이 분리되지 않는다는 이치를 로마서와 야고보서의 강설을 따라 밝혀준다. 로마서는 의롭다 함이 믿음을 통해 받는 은혜라는 것을, 그리고 야고보서는 의롭다 함을 받는 방편인 믿음이 바로 행함의 열매를 맺는 뿌리라는 것을 말하고 있음을 확실하게 제시한다. 비록 작은 책이나 주제는 실로 크고 중하다. 각 교회 안에서 모임마다 읽기를 실로 간절히 바란다.

—김병훈 교수, 합동신학대학원 조직신학

칭의와 성화를 매우 간략하게 소개한 이 책은 이 주제에 대한 기초적이지만 핵심적인 지식을 요약하고 있다. 이 책을 통해서 우리는 종교개혁의 전통과 성경 가르침을 잘 정리할 수 있는 유익을 얻는다. 우리 안에는 그 어떤 의도 없다. 의는 오직 그리고 전적으로 그리스도로부터 선물로 주어진다. 성령은 그리스도의 의와 거룩을 우리 안에 시작되고 실현되도록 일하신다. 그러나 성령께서 하신 이 일에 우리는 그 어떤 기여도 없다. 성화는 전적으로 삼위 하나님의 작품이며 따라서 우리는 이를 전적으로 삼위께 돌려드릴 수밖에 없다.

─김재윤 교수, 고려신학대학원 교의학

반지가 그 보석을 꽉 쥐고 있듯이, 참된 믿음은 그리스도를 단단히 붙잡고 있다. 믿음은 우리를 그리스도와 연결시키는 끈이며, 그리스도와 우리를 묶는 띠가 된다. 믿음은 그리스도의 풍요로움을 우리에게로 전달하는 통로이다. 구원받는 믿음은 오직 은혜로부터 생겨나고, 또한 오직 은혜만 바라본다. 그러나 참된 믿음은 홀로 존재하지 않는다. 칼빈이 말했듯이 하나님은 성화의 은혜를 주지 않을 자에게 칭의의 은혜를 주시는 법이 없다. 칭의와 성화는 순서가 정해져 있고 원리상 구분되어야 하지만, 그렇다고 신앙생활에서 결코 분리되어서는 안 된다. 칭의의 은혜와 성화의 은혜는 함께 주어지는 이중은혜이기 때문이다. 이 책은 무율법주의와 율법주의의 양극단을 벗어날 수 있도록 도와준다. 바른 믿음을 가졌다고 하지만 삶에서는 복음적 순종이 전혀 없는 헛된 믿음에 속고 있는 사람에게 경종을 울린다. 행함이 없는 믿음은 죽은 믿음이기 때문이다. 또한 바른 실천을 행한다고 하지만 겸손히 그리스도를 바라보며 엎드리지 못하는 사람에게도 경종을 울린다. 성도는 행위를 쌓아서 구원 얻는 믿음에 도달하지 않고, 그리스도를 붙드는 믿음에서 시작하여 그리스도를 본받는 삶으로 나아가기 때문이다. 작지만 강력한 이 책은 오직 믿음으로 구원 받는다는 로마서가 주는 위로와 도전, 믿음의 증거로서 행위가 필수적이라는 야고보서가 주는 도전과 위로를 동시에 전달한다.

—우병훈 교수, 고신대학교 교의학, 『교리 설교』 저자

성경에는 모순이 없습니다. 성경을 읽는 독자의 마음속에 모순이 있을 뿐입니다. 바울 서신과 야고보서 사이에도 모순이 없습니다. 오히려 바울 서신과 야고보서는 서로 상보적으로 이신칭의 복음을 포괄적으로 그려내고 있습니다. 바로 그 사실을 조엘 비키와 스티븐 로슨의 『뿌리와 열매』가 대단히 효과적으로 적시하고 있습니다. 칭의와 성화의 유기

적 조망 가운데 뿌리와 열매의 관계를 개혁파의 시각에서 일목요연하게 파악하고 싶은 분이라면 바로 이 책을 집어 들고 진지하게 탐독하시길 진심으로 권면 드립니다.

—박재은 교수, 총신대학교 신학과장, 조직신학

책의 제목인 "뿌리"와 "열매"는 이 책 전반의 내용을 압축하여 보여주는 키워드이다. 더불어 부제가 붙어 있는데, 우리말로는 단순하게 "칭의 논의"라고 번역했지만, 바울과 야고보의 '하모나이징'이다. 그야말로 이 제목 안에 책 전체의 내용이 다 들어있다. 우리는 "뿌리(칭의)"와 "열매(성화)"를 구분해야 한다. 언제라도 열매가 뿌리를 흔들어서는 안 된다. 그러나 동시에 바울(칭의)과 야고보(성화)가 함께 보여주고 있는 하모나이징 역시 결코 잊어서는 안 된다.

본서는 이토록 짧고 간결한 글로도 정확한 주경(로마서와 야고보서)을 통해 기독교의 핵심 진리를 잘 설파할 수 있다는 것을 보여주고 있다. 이 짧은 글 안에 한국교회가 가지고 있는 혼돈, 곧 구원의 열매인 '행위'들을 구원의 근거가 되는 '그리스도' 혹은 '하나님께서 주신 믿음'과 뒤섞어버리는 오류들로부터 매우 명확한 방식으로 탈출할 수 있는 모든 지침이 다 포함되어 있다. 그런 점에서 양괄식 구조의 메인 서사로 등장하는 '존스' 씨와 '스미스' 씨는 우리들 주위에 흔히 볼 수 있는 '칭의'와 '성화'의 '구별'과 '조화'를 모르는 대표적 예들이며, 그렇다면 이들을 '김태형'씨와 '박성수'씨라 해도 괜찮을 것이다.

우리를 참되게 그리스도인 되게 하는 것이 무엇인가? '칭의'가 보여주는 말할 수 없는 풍요로운 구원이 '나의 밖으로부터' 왔다는 고백이다. 더불어 우리의 '성화'가 참된 열매로 드러나지 않는 종류의 믿음 따위는 없다는 고백이다. 아마도 이 둘을 가장 잘 설명해 줄 수 있는 무언가를 찾는 사람이라면 바로 "이 책이 여기 있다"고 말해도 괜찮을 것이다. 퓨리탄리폼드북스에서 귀한 일을 해 주셨음에 감사한다.

—윤석준 목사, 유은교회, 『지하철에서 읽는 사도신경』 저자

목차

그리스도인은 칭의稱義, Justification 교리를 반드시 정확하게 이해해야 합니다. 여기에는 몇 가지 중요한 이유가 있습니다. 첫째, 칭의 교리는 복음에 중심이 되는 핵심 교리일 뿐 아니라 그 자체로 복음이기 때문입니다. 둘째, 칭의 교리는 이단에 대한 가장 효과적이고 강력한 대응책입니다. 거의 대부분의 이단들은 사실상 칭의 교리에 대한 잘못된 오해에서 비롯되었다고 볼 수 있습니다. 셋째, 칭의 교리는 하나님의 교회의 부흥을 소망하고 기대하게 만드는 위대하고 탁월한 장려책입니다. 물론 오직 하나님만이 교회에 부흥을 불러일으키십니다. 그러나 '오직 믿음으로 말미암아 얻는 하나님의 의' 같은 성경적 진리의 재발견 없이 진정한 부흥이 이뤄진 적은 교회 역사에 단 한 번도 없었습니다. 넷째, 믿음의 확신이 부족하거나 그리스도인답게 고난을 인내하지 못하는 모습 등 우리의 목회 현장에서 자주 접하는 문제들을 이신칭의 교리로 적절하게 대처할 수 있습니다. 다섯째, 그리스도인의 삶 전체는 이신칭의 교리의 영광과 능력의 거듭

되는 재발견과 다름없다고 가히 말할 수 있습니다. 우리 그리스도인들에게 일어나서는 안 될 참담한 일들이 발생하고 그런 비극들이 계속 전해지는 이유는 무엇입니까? 우리 그리스도인들의 성화의 삶 속에서 우리가 경건의 능력을 거의 찾아볼 수 없게 된 중요한 한 가지 이유는 우리가 받은 칭의에 대한 경이로운 마음과 그로 인한 감사와 찬송이 우리 안에서 점점 사라져가고 있기 때문입니다.

우리는 이렇게 여러 가지 이유들로 인해, 칭의 교리에 대한 정확한 이해가 매우 우리에게 중요한 사안이라는 사실을 인정하게 됩니다. 그러나 '누가 의롭다 함을 얻는가?'라는 질문에 실질적으로, 또는 목회적으로 우리가 답변하는 것은 또 다른 차원의 쉽지 않은 문제입니다.

잠시 한번 가정해 보겠습니다. 여러분은 지금 어느 지역 교회의 담임목사입니다. 여러분의 교회에 정식 교인이 되고자 하는 사람은 목사와 장로들 앞에서 신뢰할 만한 믿음의 고백을 구두로 증언해야 합니다. 그럼 이제, 두 성도님을 여러분에게 소개하겠습니다. 존스 씨Mr. Jones와 스미스 씨Mr. Smith입니다. 이들은 여러분의 교회에 입교인(세례교인)으로 정식 등록하여 교회의 성찬 예식에 교인들과 함께 참여하고

자 합니다.

장로들 앞에서 목사인 당신이 존스 씨에게 이렇게 묻습니다: "존스 형제님은 무엇을 근거로 자신이 그리스도인이라고 생각하십니까? 그리고 무엇을 근거로 우리 교회의 교우로 받아들여져야 한다고 생각하십니까?" 질문에 존스 씨가 대답합니다: "글쎄요, 저는 지금까지 저의 삶 전체가 그 답이라고 생각합니다. 그 모든 것이 제가 견고한 그리스도인이란 사실을 잘 증명해 준다고 생각합니다. 저는 어릴 때부터 교회에서 자랐고 항상 신앙심이 있었습니다. 저는 성경이 하나님의 무오한 말씀이라고 믿는 건전한 개혁주의적, 성경주의적 믿음을 갖고 있습니다. 저는 날마다 성경을 읽고 매일 기도합니다. 주일예배는 한 번도 빠진 적이 없습니다. 교회의 헌금 생활에 충실하고, 여러 기독교 기관과 자선단체에도 관대하게 기부해 왔습니다. 개혁주의 모임이나 강습회에도 여건이 되는 한 최대한 열심히 참여하고 있습니다. 저는 한 아내의 신실한 남편이고, 자상한 아빠이자, 성실한 근로자로 살아왔습니다. 이 모든 것을 감안할 때, 저는 제 자신이 정말로 그리스도인이 맞다고 믿습니다. 그러니 저를 이 교회의 정식 교인으로 받아주시면 감사하겠습니다. 흔쾌히 받아주실 것을 믿어 의심치 않습니다."

이제 존스 씨가 목양실에서 나가고, 다음 차례인 스미스 씨가 들어옵니다. 스미스 씨는 그동안 예배에 신실하게 참석하지 않았기 때문에, 담임목사로서 여러분은 그가 무슨 말을 할지 궁금하기도 하고 다소 염려도 됩니다. 이제 당신은 존스 형제에게 했던 것과 똑같은 질문을 스미스 형제에게도 묻습니다. 그리고 그의 대답에 깜짝 놀라면서 다소 얼떨떨하게 미소를 짓습니다. 스미스 형제는 열정적이고 확신에 찬 어조로 이렇게 말했습니다: "저의 답변은 간단합니다. 저는 거듭난 사람입니다. 저는 하나님의 은혜로 의롭다 여김을 받았고, 은혜로 구원을 받았습니다. 저는 지금도 저의 구원에 대해서는 오직 예수 그리스도의 보혈만 의지합니다. 나 같은 죄인을 구하신 하나님의 주권적 은혜에 모든 찬양과 영광을 돌려드립니다. 할렐루야!"

이제 당신은 스미스 형제에게 목양실 밖에서 잠시 대기할 것을 권하고, 두 입교 지원자들과의 면담 내용을 장로들과 논의하기 시작합니다. 함께 동석해 있던 장로들의 표정을 한번 살펴봅니다. 보아하니 존스 형제보다는 스미스 형제에게 더 강렬하고 긍정적인 인상을 받은 눈치입니다. 결국, 한 장로가 말문을 엽니다: "스미스 형제에 대해서는 별로 의심의 여지가 없는 것 같습니다. 기본적인 신앙고백의 요소들을 다 잘 갖추고 있어요: 구원받는다는 것, 의롭게 된다는 것, 오직 그리스도를 붙드는 것에 관해 우리에게 잘 답변해 주었고요. 이 형제는 우리가 인정하는 복음주의적인 신앙인이 맞는 것 같습니다. 네, 정말 감사하고 기쁜 일이네요."

그런데 목사인 당신은 뭔가 답답한 듯 한숨을 내쉽니다. 그리고는 당혹스러운 표정으로 주머니에서 종이 한 장을 꺼내듭니다. 다름 아니라, 스미스 씨가 이전에 출석했던 교회 목사로부터 전달받은 쪽지였습니다. "당회원 여러분……" 잠시 주저하는 듯하다가 말을 엽니다. "죄송하지만 아무래도 제가 여러분께 이 편지를 꼭 읽어드려야 할 것 같습니다." 그리고 읽기 시작합니다:

친애하는 목사님과 당회원 분들에게 조언드립니다. 만에 하나라도, 스미스 씨의 교인 등록 절차를 위해 그와 면담하시게 된다면, 주의하시길 바랍니다. 스미스 씨는 천사처럼 말을 아주 잘 합니다. 그러나 여러분들에게 감히 경고 드리건대, 애석하게도 그는 언행일치가 전혀 안 되는 삶을 살고 있습니다. 스미스 씨는 자기 아내에게 무지막지한 폭언을 퍼붓곤 해서, 아내 분이 남편에 대한 존경과 신뢰를 완전히 잃어버린 상태입니다. 게다가 그는 친자녀들에게까지 아주 매정한 모습을 보이곤 했습니다. 주어진 하루 일과에 성실하게 임하지 않는 경우도 종종 있었습니다. 제가 아는 한, 그는 어떠한 진심 어린 충고도 받아들이지 못하는 사람입니다. 주일에 교회에서는 마치 본인이 성숙한 그리스도인인 것처럼 말하고 행동하지만, 주중에 드러나는 스미스 씨의 삶은 정반대입니다. 그는 자신이 고백하는 믿음과는 전혀 어울리지 않는 생활을 하고 있습니다.

자 그렇다면, 여러분은 누구를 정식 교인으로 받아들이시겠습니까? 존스 씨? 스미스 씨? 둘 다 불허하겠습니까? 아니면, 그 둘 다 괜찮겠습니까?

우리가 이 질문에 답하기 전에 잠시 생각해 보겠습니다. 칭의 교리를 정확히 이해하고 그것을 실천적이고 목회적으로 바르게 적용하기 위해서는, 그리하여 언제든 이런 질문에 능숙하게 정답을 제시하기 위해서는, 이 중요한 주제와 관련된 바울과 야고보의 주장을 제대로 이해할 필요가 있습니다. 로마서 3장 21-28절, 그리고 야고보서 2장 14-26절 두 본문의 관계는 교회에서 오랫동안 논란의 대상이 되어왔습니다. 복음의 뜨거운 열정과 확신으로 가득한 사도 바울은 어떠한 행위와도 상관없이 오직 믿음으로 말미암아 의롭다 하심을 얻는다고 주장합니다. 반면 야고보는 믿음과 더불어 행위로 의롭다 하심을 얻는다고 주장합니다. 그의 논리 또한 나름 빈틈없이 명확합니다. 이 둘의 주장은 서로 모순되는 것처럼 보입니다.

그렇다면, 과연 무엇이 옳은 주장이겠습니까? 사람은 오직 믿음으로 의롭다 하심을 얻습니까? 아니면 믿음과 행위로 의롭다 하심을 얻습니까? 야고보가 바울과 상반되는 주장을 하고 있는 것인가요? 혹시 바울이 야고보와 논쟁하고 있는 것은 아닌가요? 누구의 말이 더 옳을까요? 칭의의 수단에 관한 이 주제는 교회에서 오랜 세월 동안 많은 사람들을 곤혹스럽게 해온 큰 딜레마였습니다.

천국의 문A Gateway to Heaven

지금으로부터 거의 500년 전, 로마서의 중심 주제는 '오직 믿음으로 말미암아 하나님께 의롭다 하심을 얻는 것'라는 사실에 그가 점차 확신하게 될 무렵, 비텐베르크 대학(University of Wittenberg)의 성서학 교수 마르틴 루터는 학생들에게 로마서를 강론하고 있었습니다.

　루터가 자기 믿음의 근거를 오직 예수 그리스도의 인격과 사역에 두었을 때, 그는 이 진리에 대하여 심중에 깊은 확신을 얻었고 이로써 일생일대의 중요한 갈림길에 놓이게 되었습니다. 대략 1514년에서 1519년 사이의 어느 시기에, 루터는 소위 "탑 체험"(Tower Experience)으로 불리는 그리스도를 향한 급진적인 회심을 경험하게 되고, 이후 그는 당시의 이 극적인 체험에 대해 다음과 같이 말했습니다:

　나는 바울의 로마서 서신을 이해하길 간절히 원했고, "하나님의 의"라는 그 한 가지 표현에 부딪힐 수밖에 없었다. 그것 외에 다른 어떤 것도 눈에 들어오지 않았다. 나는 그것을 하나님이 불의한 자들에게 벌을 내리시는 행위 가운데서 그가 의로우시며 공의를 행하시는 하나님이라는 의미로 생각했다……하나님의 의란, 하나님의 은혜와 그 순전한 긍휼하심으로 그가 믿음으로 말미암아 우리를 의롭다 여기실 때의 그러한 의를 의미하는 것이라는 진리를 비로소 깨닫게 될 때까지……나는 밤낮으로 곰곰이 생각하고 숙고했다……그리고 이내 거듭남과 동시에 활짝 열린 문들을 통해 낙원으로 들어가는 것 같은 느낌을 받았다. 성경 전체가 완전히 새로운 의미로 다가왔다. 이전에는 "하나님의 의"가 나 자신을 나의 불의에 대한 혐오로 가득하게 했지만, 더 위대한 사랑 안에서 그것은 이제 나에게 형언할 수 없이 감미로운 것으로 다가왔다. 바울의 이 놀라운 구절은 나에게 천국의 문을 열어 주었다.[1]

루터는 로마서를 통해서, 죄인이 하나님 앞에 의롭다 여김 받는 칭의는 오직 그리스도 안에서, 오직 믿음으로 말미암는 것임을 보았고, 드디어 그 진리를 깨달았던 것입니다. 오직 믿음으로 말미암는 칭의는 이렇게 16세기 종교개혁의 교리에 매우 중대한 초석이 되었습니다. 그리고 이 교리는 오늘날에도 모든 참 교회들을 위한 표준으로 견고히 그 닻을 내리고 있습니다. 루터가 기록했듯이, 이 교리는 그 존재 자체만으로도 교회를 세워지게도 하고 또는 넘어지게도 하는 근본 신조인 것입니다.

이런 사실은 루터가 이 교리를 위해 싸웠던 16세기 때와

---

1 인용. F. F. Bruce, *The Letter of Paul to the Romans: An Introduction and Commentary* (Grand Rapids: Eerdmans, 1985), 57.

마찬가지로, 그리고 바울과 야고보가 각각 서신서를 기록했던 1세기 때와 마찬가지로, 지금도 여전히 유효합니다. 그런데 오늘날 일각에서는 바울에 대한 새 관점이란 학명 아래, 구원의 근거로 결국 믿음과 행위가 필요하다고 주장합니다. 구원은 우리 믿음과 더불어 선한 일을 행하는 가운데 인내하는 것에 달렸다는 주장입니다. 물론, 앞으로 우리가 살펴볼 바와 같이, 참 믿음은 언제나 선한 행위를 낳기 마련입니다. 그러나 우리는 '믿음 플러스(+) 인내'의 행위로 구원을 받는 것이 아닙니다. 하나님께서 우리에게 구원의 수단으로 삼으시는 유일한 도구는 오직 믿음뿐입니다.

지푸라기 서신 A Right Strawy Epistle

얼마 후, 야고보서를 다시 읽게 된 루터는 믿음과 행함으로 의롭다 하심을 받는다는 야고보의 주장을 좀처럼 이해하기 어려워 고심하게 됩니다. 1522년 출간된 그의 독일어 신약성경 초판 서문에서, 루터는 야고보서에 대한 다음과 같은 말을 남겼습니다. 이것은 가끔 인용되곤 하는 그의 어록 중 하나입니다:

사도 바울의 서신들, 특히 로마서, 갈라디아서, 에베소서를 비롯해, 사도 베드로의 첫 번째 서신은 그리스도를 온전히 드러낸다. 그 독자들이 다른 어떤 책이나 교리에 대해서 보고 듣고 배우지 못했을 지라도, 필요한 모든 것, 알아야 할 모든 복된 것들을 교훈하는 성경의 중요한 책이다. 그러므로 이들과 비교하면 야고보의 서신은 진정지푸라기 서신이다; 거기서 복음의 특징이라곤 볼 수 없기 때문이다.[2]

이렇게 루터는 야고보서를 "지푸라기 서신"이라고 칭했습니다. 야고보서가 복음에 관한 내용이나 골자가 거의 빠진 빈약한 책으로 보였다는 의미입니다. 루터는 매우 당혹스러웠습니다. 루터가 야고보서 저작의 영감성이나 정경성을 부정한 것은 아닙니다. 단지 로마서와 비교했을 때, 당시 개혁의 기치를 내건 입장에서, 그 가치를 상대적으로 폄하할 수밖에 없었을 것입니다. 종교개혁을 위해 충실하게 옹호해왔던 위대한 복음의 교리에 관한 가르침이, 루터의 판단에, 야고보서에는 부족해 보였던 것입니다.

---

2   참고, *Luther's Works*, ed. Jaroslav Pelikan (St. Louis: Concordia, 1958), 35:362.

루터가 야고보서를 다소 불편해할 수밖에 없었던 주원인은 로마 가톨릭교회와 그들의 가르침, 즉 의롭다 여김 받는 칭의는 믿음과 행위로 말미암는다는 당시 교회의 가르침 때문이었습니다. 야고보서가 그 자체로 교리적인 학술서는 아니라는 점에서 루터는 분명 틀리지 않았습니다. 사실, 야고보서는 매우 실천적인 내용의 책이고, 그리스도인의 칭의justification가 아니라 성화sanctification에 대한 일종의 안내서라고 할 수 있습니다.

　그렇다면, 칭의 문제와 관련하여 우리는 로마서와 야고보서를 어떻게 조화시킬 수 있을까요? 바울은 의롭다 여김을 받는 것은 행위에 있지 않고 오직 믿음으로 말미암는 것이라며 분명하게 단언합니다. 하지만 야고보는 믿음과 함께 행위로 말미암는 칭의에 대해 주장하는 것처럼 보입니다.

　여기서 종교개혁자들이 신앙의 유비analogy of faith, 또는 성경의 유비analogy of Scripture라고도 불리는 성경 해석의 한 가지 핵심 원칙을 정확히 인지했다는 사실에 주목하는 것이 우리에게 도움이 됩니다. 이런 성경해석의 원리는 성경 전체가 하나의 목소리를 내고 있다는 사실을 전제합니다. 즉, 성경은 스스로 모순될 수 없다는 것입니다. 성경은 이음매 없이 하나로 직조된 아름답고 정교한 진리의 주단과 같습니다. 각 교리의 가닥들이 완벽하게 짜여져, 함께 하나의 진리를 완성하고 있다는 것입니다. 그렇습니다. 성경은 오직 단 하나의 구원 계획만을 우리에게 제시해 보이고 있습니다.

그러므로 우리는 바울과 야고보가 서로 상반되게 주장하지 않을 것이란 사실을 익히 예상할 수 있습니다. 이 둘은 결국 하나의 목소리를 내고 있는 것이 분명합니다. 그런데 그들은 어떤 방식으로 그렇게 하는 것일까요? 우리는 먼저 두 본문을 각각 따로 살펴본 후에, 다시 그 둘이 서로 조화를 이루는 방식에 대해 알아보도록 하겠습니다.

1 칭의의 뿌리

The Root of Justification

이제는 율법 외에 하나님의 한 의가 나타났으니 율법과 선지자들에게 증거를 받은 것이라 곧 예수 그리스도를 믿음으로 말미암아 모든 믿는 자에게 미치는 하나님의 의니 차별이 없느니라 모든 사람이 죄를 범하였으매 하나님의 영광에 이르지 못하더니 그리스도 예수 안에 있는 속량으로 말미암아 하나님의 은혜로 값 없이 의롭다 하심을 얻은 자 되었느니라 이 예수를 하나님이 그의 피로써 믿음으로 말미암는 화목제물로 세우셨으니 이는 하나님께서 길이 참으시는 중에 전에·지은 죄를 간과하심으로 자기의 의로우심을 나타내려 하심이니 곧 이 때에 자기의 의로우심을 나타내사 자기도 의로우시며 또한 예수 믿는 자를 의롭다 하려 하심이라 그런즉 자랑할 데가 어디냐 있을 수가 없느니라 무슨 법으로냐 행위로냐 아니라 오직 믿음의 법으로니라 그러므로 사람이 의롭다 하심을 얻는 것은 율법의 행위에 있지 않고 믿음으로 되는 줄 우리가 인정하노라 먼저, 로마서 3장과 4장을 "칭의의 뿌리"란 표제 아래 함께 살펴보고자 합니다. 로마서 3장 21절부터 시작하겠습니다. 전치사가 사용된 문구에 특히 주목해 주시길 바랍니다. 여기서 우리가 볼 수 있는 칭의의 두드러진 특징은 "은혜로"(by grace, 24절), "믿음으로 말미암아"(by faith 또는 through faith, 22, 25, 28, 30절), "예수 그리스도 안에"(in Jesus Christ, 24, 26), "율법의 행위 없이"(without the works of the law, 21, 28절)라는 표현들 속에 잘 나타나 있습니다.

이것이 칭의의 근본 뿌리인 것입니다. 이러한 뿌리가 없으면 칭의 자체도 존재할 수 없습니다. 그 이유는 우리 "모든 사람이 죄를 범"했고, "하나님의 영광에 이르지 못"했기 때문입니다(23절). 칭의(하나님으로부터 의롭다 여김을 받는 것)란 '오직 은혜로' 얻는 것이며, 율법의 '행위와 상관없이', '그리스도 안에서', '믿음으로 말미암아' 얻는 것입니다.

외부적 의An Alien Righteousness

로마서 3장 21절에서 바울은 이같이 말합니다: "이제는 율법 외에 하나님의 한 의가 나타났으니 율법과 선지자들에게 증거를 받은 것이라." 하나님으로부터 오는 그 의는 사람의 율법의 행위와는 전적으로 별개의 것임을 바울이 말하고 있습니다. 모세 율법을 지키고자 하는 노력으로는 구원을 얻을 수 없다는 것입니다. 구약의 어느 인물도, 율법 아래 또는 선지자 시대에 살았던 그 누구도, 율법에 순종하여 구원받은 사람은 아무도 없습니다. 율법 준수와 선한 행실이 아무리 많았다고 할지라도, 그로 인해 어느 한 죄인이 하나님 앞에서 의인의 자리로 옮겨진 적은 단 한 번도 없었습니다.

22절에서 바울은 계속 설명합니다: "곧 예수 그리스도를 믿음으로 말미암아 모든 믿는 자에게 미치는 하나님의 의니." 다른 말로 하면, 하나님은 오직 예수 그리스도 안에서 오직 믿음으로 받는 자들에게 하나님 자신의 의를 허락해 주신다는 말씀입니다.

루터는 이러한 의를 "외부적 의"alien righteousness 또는 "이질적/낯선 의"foreign righteousness라고 불렀습니다. 그 의는 그것을 받는 사람의 바깥에 있는 어떤 것으로서, 그 사람의 '외부로부터'from outside 주어진 의란 의미입니다. 즉, 그 의는 내가 아니라 하나님으로부터 왔다는 것입니다. 그것은 예수 그리스도를 믿는 죄인에게 값없이 주어지는 하나님의 선물인 것입니다. 이 외부적 의는 우리 신자들 안에서, 내 안에서 비롯된 것이 아닙니다. 우리가 그것을 자기 자신 속에서 만들어 밖으로 일궈내는 그런 것이 아닙니다. 절대 그렇지 않습니다. 오히려 그것은 위로부터 임하는 하나님의 은혜의 선물이며, 구원을 위해 오직 예수 그리스도만을 믿고 신뢰하는 죄인들을 향해 하늘로부터 내려오는 값없이 주어지는 선물인 것입니다.

22절 하반절에서 바울은 이같이 말합니다: "모든 믿는 자에게 미치는 하나님의 의니 차별이 없느니라." 유대인이든 헬라인이든, 그리스도를 믿는 사람이라면, 차별 없이 모두 의의 선물을 받는다는 것입니다. 사실, '믿음'faith과 '믿다'believe를 뜻하는 각각의 헬라어 단어('피스티스', '피스튜오')는 모두 같은 어원을 갖고 있습니다. 결국 22절은 오직 믿음으로 의롭다 함을 얻는다는 사실을 이중으로('믿음으로 말미암아…믿는 자에게') 강조하고 있는 것입니다.

여기에는, 칭의를 얻는 것과 관련해서, 사람의 어떤 행위로 인한 일말의 공로 따위는 전혀 언급조차 없습니다. 21절 상반절에서, 바울은 그리스도 안에 나타나 믿는 자들에게 주어지는 그 의가 율법 외의 것이며, 율법의 행위와는 상관없는 것임을 이미 강조한 바 있습니다. 이보다 더 명백할 수는 없을 것입니다.

그러면, 사람은 왜 오직 믿음으로만 의롭다 함을 얻는 것일까요? 바울은 로마서 3장 23-24절에서 이렇게 설명합니다: "모든 사람이 죄를 범하였으매 하나님의 영광에 이르지 못하더니…의롭다 하심을 얻은 자 되었느니라." 우리가 의롭다 함을 얻기 위해서는 하나님께서 죄인인 우리를 의롭다 선언하셔야 합니다. 그 선언이 우리에게 하나님과 함께 할 수 있는 완전한 지위를 허락하는 것입니다. 칭의란, 율법에 대한 하나님 아들의 완전한 순종과 의를, 하나님의 아들을 믿는 죄인에게 마치 그의 공로처럼 인정해 주시는 하나님의 법정적 선언forensic declaration인 것입니다.

혹여 오해의 소지가 없도록 하기 위해 바울은 이렇게 덧붙입니다: "그리스도 예수 안에 있는 속량으로 말미암아 하나님의 은혜로 값 없이 의롭다 하심을 얻은 자 되었느니라.

이 예수를 하나님이 그의 피로써 믿음으로 말미암는 화목제물로 세우셨으니"(24-25절). 칭의는 합당치 못한 죄인을 향해 오직 은혜로 말미암아 주어지는 것입니다. 그렇게 주어진 의이기 때문에 그것은 값없이 얻은 선물인 것입니다. 전적으로 타락한, 죄악된 인간이 그 선물에 합당한 자가 되기 위해 할 수 있는 일이라고는 아무것도 없습니다.

22절과 25절에서 분명히 교훈되는 것처럼 칭의는 오직 믿음을 통해 받는 것입니다. 그것은 22절과 24절의 말씀처럼 오직 그리스도 안에서 얻는 것이며, 또한 21절에 따르면 율법의 행위와 상관없이 주어지는 것입니다.

탁월한 교사인 사도 바울은 부정적 단언과 긍정적 주장의 두 가지 진술로 이 사실을 가르치고 있습니다. 즉 바울은 우리가 의롭다 함을 얻게 되는 방식 뿐 아니라, 의롭다 함을 얻게 되는 방식이 아닌 것까지, 그 둘 다를 설명해주고 있습니다. 따라서 오해의 소지는 없습니다.

바울의 주장에 따르면, 칭의는 율법의 행함으로가 아니라 오직 믿음으로 말미암는 것입니다. 바로 이 구절과 인접 문맥을 통해, 종교개혁의 위대한 '솔라'solas 정신이 탄생된 것입니다. 칭의는 '오직 은혜'sola gratia로, '오직 믿음'sola fide 으로, '오직 그리스도'solus Christus 안에서 얻는다는 것입니다. 이것이 복음의 정수이고 핵심입니다. 그리고 바울은 25-26절에서 이렇게 부연합니다: "이는 하나님께서 길이 참으시는 중에 전에 지은 죄를 간과하심으로 자기의 의로우심을 나타내려 하심이니 곧 이 때에 자기의 의로우심을 나타내사 자기도 의로우시며 또한 예수 믿는 자를 의롭다 하려 하심이라." 바울은 예수 그리스도의 죽음이 칭의의 유일한sole 근거이고 그 유일한exclusive 수단이 곧 믿음이라고 선언하는 것입니다. 이보다 더 명백할 수 있겠습니까? 칭의는 오직 은혜로, 오직 그리스도를 믿는 믿음으로 말미암는 것입니다.

행위와 믿음의 대조 Contrast between Works and Faith

이제 바울은 로마서 3장 27절에서 어떠한 오해의 소지도 남기지 않고자 행위와 믿음을 서로 극적으로 대조하고 있습니다. 그는 이것을 마치 '둘 다'가 아닌, '양자택일'의 사안처럼 다루고 있습니다. 즉, 칭의의 수단과 관련해서 믿음과 행위는 서로 배타적이며, 결코 양립될 수 없다는 것입니다.

바울은 27절에서 이렇게 질문합니다: "그런즉 자랑할 데가 어디냐?" 그 말인즉슨, 만약 우리가 행위로 의롭다 함을 얻는다면 우리에게 자랑할 만한 것이 있을 수도 있겠다는 반어적 표현입니다. 그러나 오직 믿음으로만 의롭다 함을 얻는 것이 분명한 사실이라면, 우리 스스로 결코 자랑할 수 없다는 것입니다: "그런즉 자랑할 데가 어디냐? 있을 수가 없느니라." 마치 나 자신의 행위로 칭의를 획득했다는 듯이 우리가 '자화자찬할 수 없지 않겠는가' 하는 것입니다. 사도 바울은 계속해서 딱 잘라 말합니다: "무슨 법으로냐? 행위로냐? 아니라 오직 믿음의 법으로니라"(27절). 하나님은 우리의 행위에 기초하여, 즉 우리의 어떤 행위를 전제로, 해당 원칙 또는 율법에 따라, 우리를 의롭다 칭하지 않는다는 것입니다. 오직 믿음의 법 밖에는 없습니다. 의롭다 함을 얻는 것은 오직 믿음의 법으로만 가능한 것입니다.

28절의 진술은 매우 단호하면서 교의적입니다: "그러므로 사람이 의롭다 하심을 얻는 것은 율법의 행위에 있지 않고 [오직] 믿음으로 되는 줄 우리가 인정하노라." 루터가 바르트부르크 성Wartburg Castle에 숨어 있을 때 시작한, 에라스무스 헬라어 신약성경의 독일어 번역 작업 당시, 루터는 이 구절에 '오직'alone에 해당하는 단어를 첨가했습니다. 원문에는 없었던 표현이지만, 자국의 신자들이 칭의의 수단과 관련해 오해가 없도록 하기 위해, 이 위대한 종교개혁자는 과감하게 이 단어를 첨가했던 것입니다. 그 번역은 해석적 쟁점이 다분한 것이지만, '믿음으로 말미암는 칭의'의 한 가지 유일한 대안, 즉 '행위로 말미암는 칭의'에 대해 바울이 명백하게 질타했다는 점에서, 루터의 '오직'이란 표현은 타당한 번역이라고 볼 수 있습니다.

바울은 29절과 30절에서 이렇게 질문합니다: "하나님은 다만 유대인의 하나님이시냐? 또한 이방인의 하나님은 아니시냐? 진실로 이방인의 하나님도 되시느니라. 할례자도 믿음으로 말미암아 또한 무할례자도 믿음으로 말미암아 의롭다 하실 하나님은 한 분이시니라." 성경에서 가르치는 구원의 길, 구원에 이르는 방도는 오직 하나밖에 없다는 것입니다. 유대인들에게 구원의 길은 오직 하나이고, 이방인들에게도 그 길은 정확히 일치한다는 것입니다. 그들이 유대인이든 이방인이든, 구약의 사람들에게 구원의 길은 오직 하나뿐이고, 신약의 사람들에게도 그것은 정확히 똑같다는 것입니다.

그렇습니다. 구원의 길은 오직 하나밖에 없습니다. 구원은 오직 그리스도를 믿는 믿음으로 얻는 것입니다. 바울의 표현처럼 할례는 아무 것도 아니며, 무할례도 아무 상관이 없습니다. 오직 그리스도 안에 있는 믿음만이 모든 것이며 전부인 것입니다.

2 칭의의 수단

The Means of Justification

그런즉 육신으로 우리 조상인 아브라함이 무엇을 얻었다
하리요 만일 아브라함이 행위로써 의롭다 하심을 받았으
면 자랑할 것이 있으려니와 하나님 앞에서는 없느니라 성
경이 무엇을 말하느냐 아브라함이 하나님을 믿으매 그것
이 그에게 의로 여겨진 바 되었느니라 일하는 자에게는
그 삯이 은혜로 여겨지지 아니하고 보수로 여겨지거니와
일을 아니할지라도 경건하지 아니한 자를 의롭다 하시는
이를 믿는 자에게는 그의 믿음을 의로 여기시나니

로마서 4:1-5

바울은 '오직 믿음'이란 주제를 로마서 4장으로 이어갑니
다. 그리고 이스라엘 민족의 아버지, 아브라함의 실례를 언
급합니다. 구약 시대의 아브라함은 어떻게 구원을 받았습니
까? 아브라함은 자신의 행위로 구원을 받았습니까? 아니면
믿음으로 구원을 받았습니까? 여기서 바울은 아브라함이
그 어떠한 행위와도 상관없이 오직 믿음으로 의롭다 하심을

받았음을 보여주고자 합니다. 사실, 로마서 4장은 로마서 3장의 교훈을 예증하고 있습니다. 바울은 자신이 로마서 3장에서 전개했던 주장을 이제 아브라함(1-5절)과 다윗(6-8절)의 생애를 통해 입증하고자 하는 것입니다. 이스라엘 민족 전체 세대에서 아브라함과 다윗만큼이나 존경받고 사랑받는 구약 인물을 선별하기도 쉽지 않을 것입니다. 바울은 구약의 이 위대한 두 인물 모두 오직 믿음으로 구원받았음을 보여주고 있습니다.

1절 말씀입니다: "그런즉 육신으로 우리 조상인 아브라함이 무엇을 얻었다 하리요?" 이것은 칭의와 관련해 던지는 질문입니다. 그 의미를 풀자면, 아브라함이 칭의와 관련하여 어떠한 진리를 발견했느냐 하는 것입니다. 바울은 2절에서 이 질문에 답합니다: "만일 아브라함이 행위로써 의롭다 하심을 받았으면 자랑할 것이 있으려니와." 아브라함이 자신의 행위를 통해서 하나님의 마음에 들만큼 충분히 선한 사람이었다고 한다면, 그는 자신의 선함을 기꺼이 자랑할 수 있었을 것입니다. 하지만 바울은 이렇게 단언합니다: "하나님 앞에서는 없느니라." 즉, 만약 인간적으로 자랑할 만한 선한 행위가 있었다고 한들, 하나님 앞에서는 결코 어림도 없다는 말씀입니다. 3절이 그 이유에 대해 가리키고 있습니

다: "성경이 무엇을 말하느냐?"

사람이 의롭다 함을 얻는 일은 항상 오직 믿음에 의해서만 가능해 왔다고 단언하면서, 바울은 이제 구약에 호소하고 있습니다. 마치 변호인이 법원의 증거기록을 열람하는 것처럼, 3절 하반절에서 바울은 창세기 15장 6절을 인용합니다: "아브라함이 하나님을 믿으매 그것이 그에게 의로 여겨진 바 되었느니라." 이 구절은 칭의가 하나님의 행위임을 가르치고 있습니다. 쉽게 말하자면, 하나님은 그리스도를 믿는 죄인에게, 그의 영적으로 파산된 계좌에 하나님 자신의 완전한 의를 송금해주시는 것입니다. 그렇습니다. 거룩하신 하나님 앞에서, 우리는 모두 다 영적으로 파산한 죄인들입니다(롬 3:23). 그리고 "죄의 삯은 사망"일 뿐입니다(롬 6:23). 우리의 영적 계좌에는 하나님 앞에 인정받을 만한 자본이 하나도 없습니다. 그러나 하나님은 칭의라는 방법을 사용해 예수 그리스도의 의를 취하시고 그것을 우리의 계좌로 이체해주십니다. 빈털터리를 가득 채워주신 것입니다. 이것이 그리스도의 의의 전가입니다. 오직 믿음으로 이러한 놀라운 거래가 이뤄지는 것입니다. 마지막 날, 하나님께서 그분의 회계장부를 펼쳐 모든 것을 정산하고자 하실 때, 하나님은 우리의 이름 옆에 기입된 그리스도의 완전한 의만을 보시는 것입니다.

오직 믿음: 칭의의 유일한 도구 Faith Alone: The Sole Means of Justification

우리 계좌로 그 방대한 그리스도의 자산이 이체되는 근거는 그냥 믿음이 아니라 '오직 믿음' 때문입니다. 로마서 4장 3절에서 바울은 우리에게 말합니다: "아브라함이 하나님을 믿으매 그것이 그에게 의로 여겨진 바 되었느니라." 여기서의 칭의는 결국 하나님의 의가 법적으로 아브라함의 계좌로 전가된 것이며, 그것은 전적으로 구원에 이르는 믿음에 기초해 이뤄진 것입니다. 이 구절을 강론하면서 테오도르 베자 Theodore Beza는 다음과 같이 언급했습니다:

아브라함이, 그리스도를 믿는 그의 믿음 이전에 또는 그 후에 행한, 자신의 어떠한 행위로 의롭다 함을 받거나, 그에게 약속된 바대로 믿는 자들의 조상이 된 것이 아니다. 단지 그리스도를 믿는 믿음으로, 또는 의를 위하여 그에게 믿음으로 전가된 그리스도의 공로로 그가 그렇게 된 것이다. 그러므로 아브라함의 모든 자녀들은, 그들의 믿음 전에 또는 후에 행한, 그들의 행위로써가 아니라, 그와 동일하게 오직 그리스도를 믿는 믿음으로 의롭다 함을 얻는다.[3]

바울은 4절에서 계속 말합니다: "일하는 자에게는"—이 표현은 율법을 지켜서 자기 의를 세우려는 인간적인 노력들을 지칭합니다—"그 삯이 은혜로 여겨지지 아니하고 보수로 여겨지거니와." 다른 말로 하면, 만약 어떤 사람이 하나님의 의를 얻을 수 있을 정도로 충분하고 완벽하게 일을 행했다고 한다면, 그가 받은 것은 선물이 아니라 봉급이라는 것입니다. 바울은 5절에서 이렇게 결론합니다: "일을 아니할지라도 경건하지 아니한 자를 의롭다 하시는 이를 믿는 자에게는 그의 믿음을 의로 여기시나니." 따라서 바울의 이 모든 진술은 칭의가 오직 믿음으로만 이뤄지는 것임을 명백히 밝히고 있습니다.

16세기 종교개혁 당시 오직 믿음으로 말미암는 칭의는 매우 중요한 전환점을 가져왔습니다. 그것은 사실상 예수 그리스도의 복음에 대한 재발견이었습니다. '죄악된 인간이

---

3 인용. William S. Plumer, *The Grace of Christ: or, Sinners Saved by Unmerited Kindness* (1853: repr. Keyser, WV: Odom, 1990), 244.

거룩하신 하나님 앞에 의로운 모습으로 설 수 있는 방법은 무엇일까?' '죄인들이 거룩하신 하나님에게 어떻게 하면 받아들여질 수 있을까?' 바로 이런 질문에 대한 답을 찾은 것입니다. 칼빈은 믿음에 의한 칭의 교리야말로 우리의 모든 신앙을 떠받치는 주된 근거라고 말했습니다. 이 중요한 교리에 모든 것이 걸려 있습니다. 종교개혁은 범죄한 죄인에게 어떻게 하나님의 의가 주어질 수 있는가를 두고 치열하게 싸웠던 전장이었습니다. '칭의는 믿음과 행위로 얻는 것인가? 아니면 오직 믿음으로 얻는 것인가?' 로마 가톨릭교회는 그것은 믿음과 행위의 복잡한 미로를 통해 얻는 것이란 주장을 고수했습니다. 그들은 믿는 일과 율법 행위를 준수하는 일이 함께 요구됨을 공언했습니다: 세례, 입교, 고해성사, 면죄부, 연옥의 정화 시간, 미사 참여가 칭의에 필요하다는 것이었습니다. 이 모든 종교적 행위들이 전부 요구되었고, 그럼에도 불구하고 죄인들에게 주어지는 의는 여전히 충분하지 않았습니다.

로마교회의 행위-의 The Works-Righteousness of Rome

로마 가톨릭교회는 의를 현실화하기 위해서는 소위 천상

에 있는 '공로의 보고'treasury of merit를 사용해야 한다고 주장했습니다. 그들 주장에 따르면, 천상의 공로의 보고에 충분한 여분의 의를 축적해 놓은 채, 천국에 들어간 성인들이 이미 존재한다는 것입니다. 그들은 그러한 잉여 공로가 저와 여러분처럼 날마다 휘청거리는 가련한 죄인들의 부족한 의를 채워줄 수 있다고 여겼습니다. 따라서 은혜의 다른 수단들이 충분하지 않다면, 이 공로 상자에서 추가적인 의를 여지없이 꺼내 쓰면 된다고 여겼던 것입니다.

하지만 이 모든 것을 다 행한다 할지라도, 그마저도 충분하다고 볼 수 없었습니다. 여전히 죄책을 짊어질 수밖에 없는 사람이 그 마지막 숨을 내쉬는 순간까지, 사제는 그 가련한 죄인에게 더 많은 의를 주입하기 위해 서둘러 종부성사를 집례하며 막바지의 노력을 다해야 했습니다. 로마교회의 이러한 제도 안에서는 자신의 구원을 확신할 수 있는 사람이 매우 드물 수밖에 없었습니다. 칭의에 대한 그들의 관점은 결국 하나님의 완전한 기준을 채우기 위한 인간의 선행에 기초해 있었기 때문입니다. 그러나 누가 과연 그렇게 할 수 있겠습니까? 하나님의 완전한 의의 기준을 모두 다 충족시킬 수 있는 사람이 과연 있을까요? 여하튼, 그것이 곧 트렌트 공의회(Council of Trent, 1545-1563년)에서 당시 로마 가톨릭교회가 고수한 입장이었습니다. 그리고 오늘날까지 그 입장에는 아무런 변화가 없습니다.

오히려, 로마교회는 그 위험천만한 제도에 행위의 필요성을 계속 첨가했을 뿐입니다. 그들은 주 예수 그리스도께 나아가기 위해 동정녀 마리아에게 기도하고, 또한 성인들에게 기도하는 것까지 추가했습니다. 그러나 여전히 충분한 의로움을 얻을 수가 없습니다. 왜 그런지 아십니까? 그러한 방법들로는 단 한 방울의 의도 결코 주어지지 않기 때문입니다. 이사야 64장 6절은 이렇게 선포합니다: "우리는 다 부정한 자 같아서 우리의 의는 다 더러운 옷 같으며." 이것은 인간의 자기-의self-righteousness, 스스로 이뤄냈다고 여기는 의로움에 대한 하나님의 냉정한 평가입니다. 여기서 '더러운 옷'filthy rags으로 번역된 부분은 본래 여성의 월경으로 오염된 옷을 의미합니다. 우리가 스스로 의롭게 여기는 것들, 이것만큼은 고귀하다고 여기는 것들, 우리의 그 어떠한 선한 행위들조차, 완전하신 거룩한 하나님 앞에서는 모두 불결하고 더러운 것들일 뿐입니다.

루터가 발견한 것—마틴 부처Martin Bucer가 발견했고, 쯔빙글리Ulrich Zwingli가 발견했고, 칼빈이 발견했고, 존 낙스

John Knox 등 모든 종교개혁자들이 재발견했던 중요한 이 한 가지, 하나님의 말씀을 자세히 살펴본 가운데 그들 모두 공통적으로 깨달았던 그것–은 바로, 죄인은 '오직 믿음으로 의롭다 함을 얻는다'는 진리였던 것입니다. 그들은 성경의 명료성을 일제히 주장했습니다. 즉 구원의 문제와 관련해서 성경은 한 치의 오해도 없는 명확한 어조로 말씀한다는 것입니다. 심지어 어린아이가 성경을 읽어도, 자신이 어떻게 구원을 얻는지 성경을 통해 분명히 알 수 있습니다. 성령의 도우심을 의지하여 성경을 읽는 하나님의 자녀들에게 진리는 분명히 찾아오게 되어 있습니다. 그 진리는 사람의 행위와 상관없이, 그의 행위와 별개로, 오직 믿음으로 의롭다 칭함을 받는다는 것입니다. 이것이 바로 16세기 종교개혁이 쏘아 올렸던 거대한 포화였습니다. 그 포화 소리는 전 세계에 폭발적인 반향을 불러일으켰고 지금까지도 전 세계 곳곳에 울려 퍼지고 있습니다.

3 구원에 이르는 믿음

Saving Faith

R. C. 스프라울 박사는 〈개혁주의 스터디 바이블〉The Reformation Study Bible에서 믿음의 중요성에 대해 다음과 같이 진술합니다: "믿음은 사람이 구원을 얻는 수단 또는 도구다. 그리스도인들은 하나님 앞에 믿음으로 의롭다 함을 얻는다." 그는 구원에 이르는 참 믿음에 대해 이렇게 명시합니다: "믿음은 어떠한 느낌 또는 낙관적 결정 같은 주관적 측면으로 정의될 수 없다. 그것은 수동적인 어떤 정설도 아니다. 믿음은 어떤 대상을 향한 일종의 반응이며 오직 그 믿는 대상에 의해 규정된다. 그리스도인의 믿음은 영원하신 하나님과 예수 그리스도로 말미암아 보증된 그분의 약속에 대한 신뢰다. 성령의 은혜로운 역사로 말미암아 우리에게 복음이 깨달아지는 가운데, 복음은 우리 안에 믿음을 불러일으킨다."[4]

---

4 "Faith and Works," in *The Reformation Study Bible*, ed. R. C. Sproul (Orlando: Ligonier, 2005), 1804.

구원에 이르는 믿음이란?What Is Saving Faith?

스프라울이 "그리스도인의 믿음"에 대해 말할 때, 그는 '구원에 이르는 믿음' 또는, 구원을 얻게 하는 참 믿음인, '살아 있는 믿음'을 의미한 것입니다. 그는 이렇게 덧붙입니다: "그리스도인의 믿음은, 그것이 죽은 우상이나 어떤 관념이 아니라 살아계신 인격적 하나님을 향한 것인 만큼, 생각과 마음과 의지가 함께 관여하는 하나의 인격적 행위다."[5]

스프라울은 구원에 이르는 믿음은 인격적 하나님을 향한 인격적 행위라고 말합니다. 그는 계속해서 설명합니다:

> 대개 믿음을 이해, 동의, 신뢰의 세 단계로 분석할 수 있다. 첫째, 그것은 복음의 내용에 대한 이해 또는 앎이다. 즉, 우리는 먼저 예수 그리스도의 복음의 진리를 반드시 알아야 한다. 그것은 우리에게 인격적인 구주에 대해 말하는 명제적 진리를 향한 하나의 인격적 행위다. 둘째, 그것은 복음이 참되다는 것에 동의 또는 인정하는 것이다. 따라서 나 자신이 진리를 알아야 할 뿐 아니라, 그 진리

---

5 "Faith and Works," 1804.

에 반드시 동의해야 한다. 그리하여 나의 마음에서 그것을 찬동하고 승인하며, 그것이 진리라는 확신이 서게 된다. 셋째, 믿음은 신뢰하는 것이며, 그것은 하나님께 우리의 자아를 온전히 헌신해 드리는 본질적인 단계다. 그러므로 그것은 우리의 이성을 넘어서는 것이고, 감정을 초월하는 것이다. 더 나아가 그것은 주 예수 그리스도께 나의 삶을 헌신하고 나의 생명을 드리는 확고한 결정과 선택이 행해지는 의지까지 영향을 미쳐야 한다. 그런 후에 나는 그분의 구원의 손길에 나의 생명을 맡겨드린다. 나는 오직 그리스도만이 나의 죄에서 나를 구원하시며 하늘의 아버지 앞에서 나를 의롭게 하실 것을 믿고 신뢰한다.[6]

성령의 역사하심으로 인하여, 그리스도를 신뢰하게 되는 이러한 모습이 곧 구원에 이르는 믿음의 본질이며, 사도 바울이 요구하는 바로 그 믿음인 것입니다.

우리가 야고보서를 살펴보기에 앞서, 먼저 여러분이 궁금해 할 수 있는 두 가지 질문을 다뤄 보겠습니다. 그 첫 번째

---

6 "Faith and Works," 1804.

로, 이렇게 질문하는 분도 있을 수 있을 것입니다: '우리를 의롭게 해주는 이 구원은 왜 오직 믿음을 통해서만 찾아오는 것일까?' 이 물음에 대한 두 가지 좋은 답변을 소개하겠습니다.

첫째, 바울은 우리가 그리스도께로 나아가는 것이 믿음으로 말미암는 것임을 우리에게 반복적으로 말하고 있습니다 (참고, 엡 1장). 믿음은 반드시 우리를 그리스도께로 이끌어 줍니다. 그리하여 그리스도께서 우리를 위해 행하신 모든 것이 실제로 우리의 소유가 되게 합니다. 그분의 의가 우리의 의가 됨에 따라, 하나님께서 그 아들 안에서 우리를 위해 행하신 모든 신령한 복을 우리가 하나님으로부터 받게 됩니다. 그렇게 믿음을 통해 의의 옷을 입은 우리에게 예수 그리스도께서 구원의 주님으로 찾아오시는 것입니다.

둘째, 의롭다 함을 얻는 칭의는 오직 믿음으로 말미암습니다. 왜냐하면 그것이 우리가 예수 그리스도와 인격적으로 연결되게 하시는 하나님의 유일한 구원 계획이기 때문입니다. 이 구원은 자기 힘으로 그리스도와 유대를 형성하려는 우리 인간의 모든 시도는 구원에 전혀 기여할 수 없게 하는 방식으로 이뤄집니다. 이것은 형언할 수 없이 탁월하고 신비한 복음의 중요한 단면입니다. 복음은 구원을 우리의 머리 위가 아니라 우리의 삶으로 가져옵니다. 단 한순간도 은혜의 보화를 손상시키지 않은 채 복음이 우리의 삶으로 구원을 불러일으키는 방식은 바로 이러한 것입니다. 즉, 우리로 하여금 그리스도를 얻게 하는 유일한 방편인 믿음은, 그 정의상, 우리가 그리스도께 기여하는 바는 하나도 없지만, 그럼에도 불구하고 우리로 하여금 오직 그리스도로부터 모든 것을 얻게 하는 그런 방편이라는 것입니다. 결국 믿음이란, 나 자신에게 의존하길 거부하고 오직 그리스도 한 분께만 전적으로 의존하는 것입니다.

믿음은 거룩한 명령이고 피할 수 없는 숙명이며 시급한 사안입니다(왕하 17:14; 요 3:36). 믿음이 아니면 정죄만 있을 뿐입니다(막 16:16). 믿음은 필수불가결한 것입니다. 존 플라벨John Flavel의 표현대로, "영혼은 몸의 생명이고, 믿음은 영혼의 생명이며, 그리스도는 우리 믿음의 생명"이 되십니다.[7]

---

7 John Flavel, "The Method of Grace," in *The Whole Works of the Rev. Mr. John Flavel* (London: W. Baynes, 1820), 2:104.

구원에 이르는 믿음이 경험되는 방식How Saving Faith Is Experienced

이제 두 번째 질문으로, '믿음이 그리스도와 그분의 의를 어떻게 경험적으로 전유할 수 있는가?'라고 질문하실 분도 있을 수 있습니다. 하나님의 성령과 말씀으로, 우리를 의롭게 하는 그 믿음은 또한 우리를 구원하는 은혜입니다. 그것은 우리 자신의 의를 완전히 비워 내, 죄 용서와 구원을 위해 그리스도를 취하고, 그리스도 안에 머물고, 그리스도로 말미암아 생명을 누리도록 우리를 이끄는 구원의 은혜인 것입니다.

이 믿음은 경험적으로 우리가 죄를 깨우쳐 우리의 심령을 비우게 하는 은혜입니다. 그것은 죄로 인해, 그리고 우리가 받아 마땅한 두려운 심판으로 인해, 우리가 처해 있는 절망적 상황을 자각하게 합니다. 그리고 그것은 우리 자신의 모든 의에서 우리를 깨끗이 비워 내고, 그리스도의 의로 우리를 이끌어 우리가 전심으로 "복음의 진리에 찬동하게" 합니다(Westminster Larger Catechism, Q. 73).

따라서 믿음이란, 성경이 우리에 대해, 하나님의 거룩하심에 대해, 그리스도의 구주 되심에 대해 가르치는 모든 것을 전심으로 믿는 것입니다. 믿음은 우리가 복음의 나팔소리에 항복하고 하나님의 펼치시는 두 팔에 뛰어가 안기는 것입니다. 그것은 우리 영혼의 모든 빈곤 속에서 그리스도의 부요함으로 달려가는 것이고, 영혼에 모든 죄책을 짊어진 상태 그대로 그리스도의 화목케 하심으로 달려가는 것입니다. 그것은 우리가 영혼의 모든 얽매여 있는 모습 그대로 그리스도의 자유케 하심을 향해 필사적으로 달려가는 것입니다. 나의 부끄러운 모습 그대로 그리스도께 완전히 투항하는 것입니다. 믿음은 아우구스투스 토플레디Augustus Toplady처럼, 그와 함께 이같이 고백하는 것입니다:

> 빈손 들고 나아가,
> 주의 십자가 붙드네
> 옷 입기 위해, 가린 것 없이 주께 나가네
> 힘없어도, 은혜 위해, 주를 바라보네
> 더러운 자, 샘으로 달려가니
> 구주여, 나를 씻어주소서, 아니면 내가 죽나이다.[8]

---

8 새찬송가 494장, '만세반석 열리니' 3절. '빈손 들고 앞에 가 십자가를 붙드네 의가 없는 자라도 도와 주심 바라고 생명샘에 나가니 나를 씻어 주소서'

그렇다면, 믿음은 우리로 하여금 그리스도와 그분의 의를 붙잡게 하고, 죄 용서를 경험케 하며, 모든 지각을 뛰어넘는 하나님의 평강을 경험하게 하는 것입니다(빌 4:7). 칼빈의 표현대로, "그것은 우리 자신을 그리스도의 의의 참여로 안내하는 것"입니다.[9] 그것은 그리스도를 비로소 깨닫는 것이고, 따뜻한 신앙의 포옹과 더불어, 그리스도와 "함께 옷 입는" 것이며, 나의 모든 자아를 그리스도께 굴복시키고, 그분의 말씀을 붙들고, 그분의 약속에 의지하는 것입니다. 믿음은 그리스도께 나아가, 그리스도를 듣고, 보고, 신뢰하고, 취하고, 끌어안고, 알고, 기뻐하고, 사랑하고, 함께 승리하는 것, 즉 그리스도의 인격 안에 거하며 그의 품에서 온전히 안식하는 것입니다. 루터의 표현처럼, 믿음은 반지가 그 보석을 단단히 움켜잡고 있듯이, 그리스도를 꽉 움켜잡는 것입니다.[10] 믿음은 그 믿는 자의 마음을 그리스도의 완전한 의와 만족과 성결로 채워지게 합니다. 믿음으로 우리 영혼은 그리스도와 혼인하고 그리스도의 생명을 누리게 됩니다. 그리스도는 우리 믿음의 유일한 대상이고 유일한 대망입니다.

---

9 John Calvin, *Institutes of the Christian Religion*, trans. John Allen (Philadelphia: Nicklin and Howe, 1816), 2:229 [3.11.20].

10 *Luther's Works*, 26:132.

믿음은 우리 인격의 전부를 그리스도의 전全 인격으로 헌신하게 합니다.

오직 믿음으로 의롭게 됨을 설명하는 이 귀중한 칭의 교리는 복음의 정수이고, 찬송받으실 성삼위 하나님의 영광스러운 복음의 요체이자, 하나님 나라의 열쇠입니다. 존 머레이John Murray는 이렇게 말합니다: "믿음으로 말미암는 칭의는 복음의 희년 나팔과 같다. 왜냐하면 그것은 잃은 양들을 찾으시는 구주의 은혜와 능력과 그 의를 향해 달려가는 것, 전적으로 무능한 상태에서 그분에게 달려가는 것만이 자신의 유일한 소망인 가난하고 비천한 자들에게 복된 소식을 선포하기 때문이다."[11] 오늘날 우리 시대에 무너져가는 칭의 교리의 성경적 선포를 재정립하고 주창해야 할 절실한 필요가 있습니다. 오직 믿음의 칭의 교리가, 루터의 표현대로, "교회를 서게도 할 수 있고 넘어지게도 할 수 있는 신조"이기 때문입니다. 그뿐 아니라, 이런 칭의 교리로 말미암아 우리 각 사람 또한 하나님 앞에서 개인적으로 서거나 넘어질 수 있기 때문입니다. 오직 믿음으로 의롭다 함을 받

---

11 John Murray, *Collected Writings of John Murray* (Edinburgh: Banner of Truth, 1977), 2:217.

는 '이신칭의' 교리는 여러분과 제가 모두 반드시 고백하고 경험해야 할 중요한 신앙고백입니다. 그것은 우리의 영원한 생명 또는 영원한 죽음에 대한 문제이며-가장 중요하게는- 하나님의 영광과 관련한 문제이기도 합니다.

사랑하는 형제자매 여러분, 주 예수 그리스도 안에서 구원에 이르는 믿음을 경험해 보셨습니까? 진리를 아십니까? 그 진리로 설복되셨습니까? 진리에 따라 행하고 계십니까? 성령의 도우시는 은혜로, 여러분은 자신의 의를 비워내고 복음의 진리에 전적으로 찬동하셨습니까? 여러분은 하나님 앞에 진정으로 자신의 죄를 통회하셨습니까? 구원을 위해 오직 예수 그리스도만을 믿으십니까? 여러분의 삶을 그리스도와 그분의 의에 온전히 의탁하고 계십니까? 반지가 보석을 꼭 쥐고 있듯이, 여러분도 그리스도를 놓치지 않고 꼭 움켜쥐고 계십니까? 그리스도가 여러분의 전부이심을 날마다 경험하며 그로 말미암아 살아가고 계십니까?

만약 그렇다고 하신다면, 하나님께서 예수 그리스도의 의를 여러분에게 전가하신 것이 맞습니다. 그리스도의 모든 의가 여러분의 천국 계좌로 정확하게 이체되었습니다. 그렇다고 한다면, 하나님께서 여러분을 바라보실 때 그분은 곧 그리스도의 완전한 의를 보고 계신 것입니다. 이 모든 놀라운 은택은 하나님의 의가 우리에게 주어졌다는, 오직 믿음으로 주어졌다는 그 사실에 전적으로 기초한 것입니다. 이것이 곧 우리가 말하는 칭의의 뿌리입니다.

4 칭의의 열매

The Fruit of Justification

내 형제들아 만일 사람이 믿음이 있노라 하고 행함이 없
으면 무슨 유익이 있으리요 그 믿음이 능히 자기를 구원
하겠느냐 만일 형제나 자매가 헐벗고 일용할 양식이 없
는데 너희 중에 누구든지 그에게 이르되 평안히 가라,
덥게 하라, 배부르게 하라 하며 그 몸에 쓸 것을 주지 아
니하면 무슨 유익이 있으리요 이와 같이 행함이 없는 믿
음은 그 자체가 죽은 것이라 어떤 사람은 말하기를 너는
믿음이 있고 나는 행함이 있으니 행함이 없는 네 믿음을
내게 보이라 나는 행함으로 내 믿음을 네게 보이리라 하
리라

야고보서 2:14-18

이제 야고보서 2장을 통해 칭의의 열매에 대해 생각해 보겠
습니다. 어느 누구든지, 구원 얻는 믿음의 뿌리가 있는 사람
에게는 항상 열매가 있습니다. 야고보서 2장에서, 예수님의
형제 야고보는 이 열매의 필요성에 대해 논하고 있습니다.

비록 얼핏 보기에, 둘은 서로 모순되는 것처럼 보일 수 있지만, 사실 바울과 야고보는 서로 완전히 동의합니다. 나무의 열매(야고보)와 그 뿌리(바울)가 서로 연결되듯이, 그들의 교훈은 서로 연관되어 있습니다. 나무에 건강한 열매가 맺힌 것을 볼 때, 우리는 그 나무의 뿌리 또한 건강하게 살아 있다고 판단할 수 있는 것입니다. 얼핏 상반되게 보일 수 있는 그 둘의 주장에 대해 종교개혁자들은 이렇게 설명했습니다: "오직 믿음만이 구원하지만, 구원하는 믿음은 단독으로 존재하지 않는다." 즉, 구원에 이르는 참 믿음에는, 그 믿음의 유효성을 확증하고 그 진위를 가려내는 선한 행위가 반드시 동반된다는 것입니다.

구원하는 믿음 vs. 구원 없는 믿음 Saving Faith vs. Non-saving Faith

성경은 구원에 이르게 하는 믿음과 구원에 이르지 못하는 믿음에 대해 이야기합니다. 산 믿음과 죽은 믿음, 우리를 그리스도께로 연결시켜주는 참 믿음과 그리스도로부터 분리되게 하는 거짓 믿음이 있다는 것입니다. 야고보는 참 믿음과 거짓 믿음, 구원하는 믿음과 구원하지 못하는 믿음 간의 차이에 대해 다루고 있습니다. 사람들은 종종 이렇게 묻곤

합니다. "저의 믿음이 진짜인지 제가 어떻게 알 수 있죠?" 야고보가 바로 이 본문을 비롯한 그의 편지 전반에서 다루고 있는 주제가 바로 이것입니다. 실제로, 야고보서의 내용은 "정결하고 더러움이 없는 경건"과 전체적으로 연결되어 있습니다(약 1:27).

2장 14절부터, 야고보는 구원에 이르는 참 믿음에 관한 주제를 소개하고 있습니다. 그는 이렇게 질문합니다. "내 형제들아 만일 사람이 믿음이 있노라 '[말]하고' 행함이 없으면 무슨 유익이 있으리요? 그 믿음이 능히 자기를 구원하겠느냐?" 나에게 믿음이 있다고 입으로 말하는 것은 얼마나 쉬운 일일까요. 야고보는 그 점을 지적합니다. 이 구절에서 눈에 띄는 단어는 '말하다'입니다—누군가 말하는 것입니다. "주여, 주여"라고 말하는 것은 얼마나 쉬운 일입니까? 입으로만 신앙 고백하는 것은 얼마나 쉽습니까? "오, 맞습니다. 아멘. 저는 주님을 믿습니다."라고 말하는 것에 무슨 특별한 노력이 필요합니까? 야고보는 자신에게 믿음이 있다고 말하면서 삶에 아무런 선한 열매가 없는 사람에 대해 이야기하고 있습니다. 그런 믿음이 과연 그 사람을 구원할 수 있을까요? 그것은 정말 진짜 믿음일까요? 선한 행위가 없는 믿음이 과연 살아 있는 믿음일까요? 선한 행위가 전혀 없는 믿음이 나 자신을 구주께로, 과연 그분의 의로움으로 연결시켜 줄 수 있을까요? 야고보는 바로 이러한 질문을 던지는 것입니다. 아마도 저와 여러분에게 이 질문보다 더 중요한 질문도 거의 없을 것입니다.

빈말, 죽은 믿음 Empty Words, Dead Faith

15-16절에서 야고보는 한 가지 예를 듭니다: "만일 형제나 자매가 헐벗고 일용할 양식이 없는데 너희 중에 누구든지 그에게 '이르되'[말하되]"— (여기서도 강조점은 '말하다'임에 주목하십시오)—"평안히 가라, 덥게 하라, 배부르게 하라 하며 그 몸에 쓸 것을 주지 아니하면 무슨 유익이 있으리요?" 이것은 무관심하고 냉담하게, "평안히 가라, 덥게 하라, 배부르게 하라"고 말하는 것으로 이해될 수 있습니다. 이런 말들은 아무런 도움이 안 되는 공허한 것이며, 죽은 믿음에서 나온 말입니다. 선한 사마리아인이 행했던 것처럼, 당장 도움을 필요로 하는 형제자매에게 손을 내밀어주는 그런 모습은 전혀 찾아볼 수 없는 빈말일 뿐입니다. 이런 사람은 믿음에 대해 이야기할 수 있을지 몰라도, 사실은 진심이 아닐 수 있습니다. 행함이 없다면, 어쩌면 그것은 진짜 믿음이 아닐 수

있습니다.

아무리 믿음이 있다고 말한다 하더라도, 전혀 행동으로 나타나지 않는다면, 과연 무슨 소용이 있을까요? 누구나 신앙에 대해 얘기할 수 있지만 그것을 증명할 행위가 따르지 않는다면, 그런 대화는 아무 의미 없는, 종교적으로 재잘거리는 소음에 불과할 것입니다. 그런 사람의 말과 행동 사이에는 거대한 간극이 있어서 그 둘은 절대로 닿지가 않습니다.

17절은 이렇게 말합니다. "이와 같이 행함이 없는 믿음은 그 자체가 죽은 것이라." 이러한 행함 없는 믿음은 죽은 믿음입니다. 즉, 진정한 믿음이 아닙니다. 이제 우리는 종교개혁자들의 설명, "오직 믿음만이 구원하지만, 구원하는 믿음은 단독으로 존재하지 않는다"란 표현을 이해할 수 있습니다. 여기서 '단독으로'란 표현이 핵심입니다. 믿음이 단독으로, 그 자체로만 존재한다는 말은 거기서 어떤 행위도 자라나지 않는다는 의미입니다. 그런 믿음은 죽은 믿음입니다. 그런 믿음을 가진 사람이 아무리 대단한 신앙 고백을 한다고 할지라도, 그것은 죽은 고백입니다. 그런 사람이 하는 간증은, 아무리 대단한 것이라 할지라도 죽은 간증입니다. 그런 사람이 하는 믿음의 고백 속에는 생명이 없고 실체가 없습니다. 그런 믿음을 가리켜, 구원 없는 믿음, 구원에 이르지 못하는 믿음이라 부르는 것입니다.

참 믿음에 이르지 못함 Falling Short of True Faith

이 주제와 관련해 R. C. 스프라울은 〈개혁주의 스터디 바이블〉에서 다시 이렇게 설명합니다: "야고보가 행함이 없는 믿음은 죽은 믿음이라고 말할 때, 그는 복음에 대해서 아는 믿음을 지칭한 것이다." 스프라울 박사는, 먼저, 그런 사람의 머릿속에는, 그 사실[복음에 대한 지식]이 들어있고, 그다음, 그는 "심지어 그 사실에 동의한다"고 말합니다. 그리고 이렇게 말합니다: "[그 사람 안에는] 그 복음의 지식이 참된 지식이라는 내적인 설득이 있다. 그러나 하나님을 신뢰하는 믿음에는 이르지 못한다." 야고보서 2장 17절의 묘사처럼, 그리스도께 삶을 헌신하고자 하는 의지가 아직 활성화되지 않는 사람, 즉 행함이 없는 사람인 것입니다. 그런 사람은 자신의 삶을 주 예수 그리스도께 절대로 의탁하지 않습니다. 어둠에서 빛으로, 죽음에서 생명으로 건너오지 못하는 것입니다. 좁은 문으로 들어가는 일도 없습니다.

그분의 흘리신 피와 찢기신 살을 먹고 마시는 체험도 없습니다. 믿음으로 그리스도를 깨닫고 그를 붙드는 일도 없습니다. 스프라울은 이렇게 말합니다. "성장, 발전하지 못하고, 의의 열매를 맺지 못하는 모습은 그리스도 안에 있는 하나님의 은혜의 선물을 전혀 받지 못했음을 보여준다."[12] 17절의 행함이 없는 죽은 믿음을 가진 그 사람은 그리스도를 입으로는 고백하지만 진정으로 그분을 소유하지 않은 사람입니다. 스스로는 예수님을 믿는다고 '말'하지만, 사실은 그렇지 않은 사람인 것입니다. 예수님은 이렇게 경고하셨습니다. "나더러 주여 주여 하는 자마다 다 천국에 들어갈 것이 아니요 다만 하늘에 계신 내 아버지의 뜻대로 행하는 자라야 들어가리라"(마 7:21). 그 증거는 적극적인 순종에 있습니다. 신앙 고백의 진정성을 드러내는 그에 따른 행위가 반드시 있어야 합니다. 좋은 뿌리에서는 반드시 좋은 열매가 나올 수밖에 없습니다.

야고보서 2장 18절에서, 야고보는 가상의 반대자를 예상하면서 이렇게 말합니다: "어떤 사람은 말하기를 너는 믿음이 있고 나는 행함이 있으니." 즉, 각각 따로 있어도 되는 것

---

12 "Faith and Works," X.

아니냐는 것입니다. 이 반대자의 주장은 여기서 끝이 납니다. 그러자 야고보는 하반절에서 탁월한 지혜로 응수합니다: "행함이 없는 네 믿음을 내게 보이라 나는 행함으로 내 믿음을 네게 보이리라 하리라." 야고보에 따르면, 우리의 믿음이 진짜, 구원하는 믿음인지 궁극적으로 판단할 수 있는 유일한 방법은 진정으로 변화된 삶, 좋은 열매를 맺는 삶의 객관적 증거밖에 없다는 것입니다. 믿음은 뿌리이고, 그 뿌리의 열매가 선한 행실인 것입니다. 죄인은 분명 열매가 아니라 그 뿌리, 즉 믿음으로 구원을 얻습니다. 하지만 '좋은 나무마다 좋은 열매를 맺는다'는 원리는 참 진리가 아닐 수 없습니다(마 7:17). 건강한 나무는 반드시 좋은 열매를 통해 스스로를 증명합니다. 그리고 건강한 나무는 건강한 뿌리(살아 있는 믿음)를 깊이 내리고 있습니다. 야고보는 입으로는 믿음이 있다면서 스스로 그리스도인이라고 하지만 실은 그렇지 않은 사람과, 자신의 고백대로 행하는 참 그리스도인 사이의 차이를 상세히 설명해주고 있는 것입니다. 실제로 선한 행실을 맺는 살아 있는 믿음이 그 안에 있는지 여부, 그 진정한 차이는 사실 표면 아래 감춰져 있습니다.

5 구원에 이르지 못하는 믿음

Non-Saving Faith

> 네가 하나님은 한 분이신 줄을 믿느냐 잘하는도다 귀신
> 들도 믿고 떠느니라 아아 허탄한 사람아 행함이 없는 믿
> 음이 헛것인 줄을 알고자 하느냐
>
> 야고보서 2:19-20

야고보는 지금까지도 자신의 주장에 동의하지 않을 사람에 대해 이미 예상하고 있습니다. 그런 사람은 마치, "예배당 복도를 따라, 신도석에 앉아서, 기도문대로 기도하면 되는 것 아닌가. 그저 '믿습니다' 고백하면서 참회하면 되지 않는가. 믿음의 증거가 꼭 겉으로 드러나야 하는 것은 아니지 않는가"라고 반문하는 사람입니다. 이런 사람은 어떻다는 것일까요? 19절에서 야고보는 그런 사람을 향해 이렇게 말합니다. "네가 하나님은 한 분이신 줄을 믿는구나." 그리고 그러한 진술은 정통 기독교 신앙을 정확하게 고백하는 것과 다를 바 없는 것임을 지적합니다. 신명기 6장 4절의 쉐마는 이렇게 선언합니다: "이스라엘아 들으라 우리 하나님 여호

65

와는 오직 유일한 여호와이시니." 이것은 정통 교리로 여겨지는 진술입니다. 당시 이스라엘은 우상을 섬기는 여러 이방 민족들에 둘러싸여 있었기 때문에 하나님은 그들이 오직 여호와만이 하나님이며 다른 신은 없다는 유일신 사상을 고백하길 요구하셨습니다. 즉, 하나님은 오직 한 분이며, 그분 외에 다른 모든 신들은 가짜이고 속이는 것들, 헛된 우상들이란 것입니다. 살아계신 참 하나님은 오직 한 분입니다. 이 기본적인 신앙 고백은 진리의 핵심 교리에 근간이며 그 정통성을 상징합니다.

구원 없는 믿음의 주요 사례The Primary Example of Non-saving Faith

야고보는 19절에서, "그럼, 나의 신앙은 전통 있는 기독교 정통 신앙이지. 이 정도면 천국에 가는 거 아니겠어?"라고 자부할 이들을 향해 도전하고 있습니다. 그는 다소 충격적이지만 다분한 의도로 일침합니다: "잘하는도다 귀신들도 믿고 떠느니라." 놀랍게도, 성경에서 가장 정통 교리로 여겨지는 진술들 가운데 일부분은 귀신들의 입에서 나왔습니다. 복음서 본문에서 더러운 귀신 들린 사람이 진술했던 말을 한번 생각해 보십시오: "나는 당신이 누구인 줄 아노니 '하나님의 거룩한 자'니이다"(막 1:24). 예수님에 대한 이 증언이 신학적으로는 틀림없는 표현 아니겠습니까? 여러분은 이런 귀신들도 구원받을 것이라고 주장하시겠습니까? 그 귀신들이 하나님과 올바른 관계에 있다고 말할 수 있겠습니까? 누구든 소위 신학적으로는 보수 정통을 표방할 수 있지만, 그 영혼은 지옥에 버려진 바 될 수 있다는 사실을 이 본문은 증명하고 있습니다.

이처럼 바른 신학을 가졌지만 구원 없는 믿음을 지닌 이들도 분명히 존재합니다. 그들은 이렇게 말할 것입니다. "나는 믿습니다. 믿고 말구요. 하나님은 오직 한 분이십니다." 하지만 귀신들조차 이 진리에 동의한다는 것이 부인할 수 없는 현실입니다. 신학 문제에 있어서만큼은 지옥도 정통보수를 주장할 것입니다. 마귀들도 교리와 신학을 매우 세밀하고 꼼꼼하게 따질 수 있습니다. 그들은 창조주로부터 비상한 자질을 부여받아 지능이 매우 뛰어난 존재들입니다. 마귀들은 하나님이 한 분이심을 믿으며, 정말로 하나님을 두려워하고 떨 정도입니다. 즉, 그들은 진리를 이성적으로 이해할뿐더러, 감정적으로 반응하기까지 합니다. 그들은 예수님이 어떤 분이신지, 그리고 복음이 무엇인지를 잘 압니다. 심지어 그들은 마지막 때에 있을 자신들의 심판받을 운

명에 대해서도 잘 알고 있습니다. 저들의 지성과 감성은 진리에 설복당하고 있는 만큼, 그 절대적인 두려움에 몸서리칠 수밖에 없는 것입니다. 그러나 그들은 자신들의 의지를 사용하여 주 예수 그리스도께 복종하는 일은 절대로 행하지 않습니다.

꽉 찬 머리, 텅 빈 마음Full Head, Empty Heart

이러한 사례는 구원 없는 믿음을 가지고도 아직까지 깨닫지 못하는 수많은 사람들에게 엄숙히 경고하기 위한 것입니다. 그런 사람들은 교리적 진술에 대해서는 잘 인지하고 시인합니다. 그들은 교회에서 세례를 받고 정식 교인으로 등록합니다. 그들은 교회 문이 열려 있을 때마다 상주하며 열심히 봉사하는 분들입니다. 그러나 그들은 하나님 앞에서 자신의 죄를 인정하고, 고백하고, 회개하며, 주의 이름을 부르며, 죄에서 돌이켜 구원에 이르는 그 지점까지는 단 한 번도 나아오지 않았습니다. 그들은 자기를 부인함으로 예수 그리스도의 생명이 그 안에서 시작되게 하는 그 일을 결코 행하지 않습니다. 그들은 '나의 옛 사람은 죽었고 이제 내 안에 사는 이는 그리스도입니다'를 진정으로 고백할 수 없는 분들입니다. 그들의 믿음은 날조된 가짜 믿음입니다. 그들의 고백은 모두를 기만하는 거짓 고백입니다. 그들의 소망은 허울뿐인 헛된 소망입니다. 요한복음 2장 23-25절은, 주 예수의 이름을 믿은 사람들이 있었지만, 예수께서 그들에게 자신을 의탁하지 아니하셨다고 기록합니다. 그리고 그 이유는 그가 "친히 모든 사람을 아심이요……이는 그가 친히 사람의 속에 있는 것을 아셨음이니라"고 설명합니다. 예수님은 사람들의 겉으로 보이는 외견상의 믿음에 대해 신뢰하지 않으셨습니다.

야고보는 알곡과 쭉정이를 구분하는 또 하나의 질문을 던집니다: "아아 허탄한 사람아 행함이 없는 믿음이 헛것인 줄을 알고자 하느냐"(약 2:20). 행함이 없는 믿음은 무용지물이며, 그것으로는 의롭다 함을 얻을 수 없습니다. 야고보는 이런 자기기만에 빠진 사람은 헛된 간증 따위는 그만두어야 한다고 권합니다. 결국 주의 이름을 망령되게 취하는 것일 뿐이기 때문입니다. 야고보는 우리에게 묻습니다. '이제는 행함 없는 믿음, 구원 없는 믿음에서 벗어날 때가 아닌가? 언제까지 그 헛된 것을 붙잡을 것인가?' 행함 없는 믿음은 무익한 것입니다. 그것은 하나님의 나라로 우리를 인도할 수 없습니다. 그것은 살아 계신 하나님께로 우리를 연결시킬 수 없습니다. 행함 없는 죽은 믿음으로는 하나님께로 부터 오는 완전한 의를 선물로 받을 수 없습니다.

6 행위인가 믿음인가?

Justified By Works or By Faith?

우리 조상 아브라함이 그 아들 이삭을 제단에 바칠 때에
행함으로 의롭다 하심을 받은 것이 아니냐 네가 보거니
와 믿음이 그의 행함과 함께 일하고 행함으로 믿음이 온
전하게 되었느니라 이에 성경에 이른 바 아브라함이 하
나님을 믿으니 이것을 의로 여기셨다는 말씀이 이루어졌
고 그는 하나님의 벗이라 칭함을 받았나니 이로 보건대
사람이 행함으로 의롭다 하심을 받고 믿음으로만은 아니
니라 또 이와 같이 기생 라합이 사자들을 접대하여 다른
길로 나가게 할 때에 행함으로 의롭다 하심을 받은 것이
아니냐 영혼 없는 몸이 죽은 것 같이 행함이 없는 믿음은
죽은 것이니라

야고보서 2:21-26

21절에서 야고보는 또다시 묻습니다: "우리 조상 아브라함
이 그 아들 이삭을 제단에 바칠 때에 '행함으로 의롭다 하
심'을 받은 것이 아니냐?" 언뜻 보기에, 야고보서의 이 핵심

구절은 바울이 로마서 3-4장에서 말한 것과는 확연히 다른 주장, 일종의 모순된 주장처럼 보입니다. 믿음으로 의롭다 함을 얻는 우리에게, 어째서, 야고보는 행위로 의롭다 함을 얻는다고 말하는 것일까요? 우리는 이 엉켜 있는 매듭을 어떻게 하면 풀 수 있을까요?

여기서 우리가 주목해야 할 두 가지 핵심이 있습니다. 첫째, 아브라함이 이삭을 제단에 바쳤던 때에 관한 이 언급은 창세기 22장에 기록된 것입니다. 그러나 로마서에서 바울의 구약 인용절—"아브라함이 하나님을 믿으매 그것이 그에게 의로 여겨진 바 되었느니라"—은 창세기 22장이 아닌 창세기 15장을 언급한 것입니다. 이것은 매우 중요한 구분인데, 창세기 15장 6절은 아브라함이 하나님을 믿는 구원의 믿음을 실행함으로 의롭다 여김을 받았던 그 순간을 기록하고 있습니다. 즉, 창세기 15장은 하나님께서 자신의 완전한 의를 아브라함에게 전가해 주신, 도덕적으로 완전히 파산한 그의 영적 계좌에 하나님의 의를 이체해 주신 그 시점을 말하는 것입니다. 그러나 야고보서 2장 21절은, 창세기 22장에서 아브라함이 그 후 겪었던 성화 과정 속에서 일어난 일, 즉 아브라함이 믿음으로 의롭다 여김을 받은 시점 이후 30여 년이 지나 발생했던 어느 한 사건에 대해 언급하고 있습니다. 그렇다면 21절에서 야고보가 말하는 '행함으로 의롭다 하심'이란, 표현하자면, 우리가 기존에 아는 것과는 또 다른 종류의 칭의를 함의하는 것입니다.

행위로 의롭다 함을 얻는가Justified by Works?

창세기 22장의 사건 당시 아브라함은 이미 구원을 받은 상태였습니다. 그렇다면 야고보서 2장 21절이 말하는 그의 칭의―"행함으로 의롭다 하심을 받은 것"―는 사실상, 아브라함이 창세기 15장에서 이미 보여줬던 그 믿음의 진정성을 여기서 다시 인정받았다는 의미인 것입니다. 창세기 22장에서 아브라함의 믿음은 참된 믿음, 살아 있는 믿음으로 확정받았습니다. 21절에서 야고보는, 아브라함이 자신의 아들―그의 독생자, 이삭―을 데리고 모리아 산으로 올라가 그를 하나님께 제물로 바치라는 명령을 받았던, 아브라함 생애 전체에서 가장 치명적으로 중요했던 한 시점을 가리켜 말한 것입니다. 그 사건은 아브라함 믿음의 진위를 가려내는 시험이었고, 그의 믿음의 진정성을 확증해주는 순간이었습니다. 아브라함은 분명 믿음으로 이미 의롭다 여김을 받았습니다. 그러나 이제 그의 믿음은 또한 자신의 행위로 의롭다 인정받고 있습니다. 아브라함의 선한 행실, 그의 순종으로 말미암아 그의 믿음-30년 전 처음 발휘된 그의 믿음-은 실제로 유효한 것임이 인증된 것입니다. 즉, 창세기 22장에서 아브라함이 법정적 칭의를 받고 있는 것이 아닙니다. 이 시점에서 그가 의롭다 선언되는 것도 아닙니다. 그러한 법적 선언은 30년 전, 창세기 15장에서 이미 발효되었습니다. 창세기 22장에서는 아브라함이 아니라, '아브라함의 믿음'이 그 정당성을 인정받고 있는 것입니다. 즉, 아브라함의 믿음은 그가 직면한 순종의 시험을 통해서, 참되고, 살아 있는 구원의 믿음임을 확인받고 있는 것입니다.

모든 신자들의 삶에는 믿음의 시험이 찾아옵니다. 하나님은 의롭다 함을 얻은 자녀들에게 때론 그들 인생에 위기가 될 수 있는 특정한 시련들을 허락하십니다. 그러나 이런 시험은 모든 믿는 자들에게 진짜 믿음을 증명할 기회의 순간이 되기도 합니다. 우리의 참된 믿음이 처음 발휘되는 순간은 우리의 첫 회심 때입니다. 믿음의 시험이 우리가 하나님 나라로 첫발을 내딛는 순간은 아닙니다. 그 시험은 단지 우리가 전에 고백했던 믿음의 진정성을 판가름하고 그 진면모를 드러내는 순간인 것입니다.

행함 있는 믿음A Faith That Works

야고보는 22절에서, "네가 보거니와 믿음이 그의 행함과 함께 일하고"라며 자신의 논지를 확장합니다. 이 말은 '진짜 믿음이란 과연 무엇인가' 하는 것입니다. 그것은 (행함과 함께) 일하는 믿음입니다. 참 믿음이란, 마치 다리가 달린 것처럼, 움직이며 생동하는 믿음입니다. 그것은 하나님께 순종함으로 일어나 걸으며 적극적으로 활동하는 믿음입니다. 아브라함이 소유했던 믿음이 바로 그런 것이었습니다. 그는 행함이 있는, 역동적으로 일하는 믿음, 살아 있는 믿음을 가졌던 것입니다. 바로 그러한 참 믿음이 그로 하여금 산에 올라가 자신의 독생자 이삭을 하나님께 제물로 바치게 했던 것입니다. 22절은 계속해서 이렇게 말합니다: "행함으로 믿음이 온전하게 되었느니라." 아브라함의 믿음은 분명코 행함 있는 믿음이었습니다. 그러므로 행함이 없는 믿음, 일하지 않는 믿음은 진짜 믿음이 아닙니다. "온전하게 되었다"는 표현은 믿음은 결국 우리를 더 큰 성숙함으로 이끌 것이며, 반드시 그렇게 될 수밖에 없다는 사실을 의미합니다. 우리는 우리의 믿음과 함께 더 온전해지고 더 원숙해져야 합니다. 야고보는 이와 똑같은 단어를 앞서 1장에서 이미 사용하고 있습니다: "내 형제들아 너희가 여러 가지 시험을 당

하거든 온전히 기쁘게 여기라 이는 너희 믿음의 시련이 인
내를 만들어 내는 줄 너희가 앎이라 인내를 온전히 이루라
이는 너희로 온전하고 구비하여 조금도 부족함이 없게 하려
함이라"(약 1:2-4).

이 말씀은 마치 아브라함이 이삭을 바쳤던 그 일을 연상
하게 합니다. 야고보는 하나님께서 우리의 믿음을 성장시키
시고 더 깊이 뿌리내리게 하시기 위해 우리 삶에 시련을 허
락하시는 것에 대해 이야기합니다. '온전한'(완전한)이란 표
현은 원숙한 또는 무르익은 열매의 모습을 그리고 있습니
다. 믿음도 마찬가지입니다. 우리의 믿음이 흠 없이 완벽해
진다는 그런 의미는 아닙니다. 우리가 마주하는 인생의 여
러 시련들을 통해서 결국 우리의 믿음이 자라나고, 성장하
고, 성숙해진다는 의미입니다.

삶의 시련들 속에서 우리가 성장 발전하게 되는 가운데,
성령의 도우시는 은혜로 말미암아, 우리의 믿음은 더 깊고
원숙한 자리에 이르게 됩니다. 믿음의 시험은 결국 우리의
합당한 반응 여부에 따라서 우리의 믿음을 더 깊고 더 강대
하게 하기도 합니다. 우리가 불같은 시험 속에서도 하나님
께 대한 순종을 선택할 때, 오히려 그 시험이 우리의 믿음을

더욱 성장, 발전시킨다는 것입니다. 반대로, 우리가 그런 시험 속에서 적극적 순종이 아닌, 수동적 관망과 방관의 자세만 취한다면, 우리는 영적 위축과 퇴보의 더 심한 고통을 겪을 수도 있습니다. 그렇게 믿음의 근력이 약해질 수 있다는 것입니다. 그러나 고난 가운데서도 우리가 주저앉지 않고 일어설 때, 믿음으로 우리의 영적 근육들을 움직이고 사용할 때, 우리의 믿음은 오히려 더 강해지고 튼튼해질 수 있습니다. 22절에서 아브라함의 믿음이 행함으로 온전케 되었다는 야고보의 주장은 바로 그런 의미인 것입니다.

야고보가 가르치는 오직 믿음 James Teaches Sola Fide

야고보서 2장 23절에서 말씀합니다: "이에 성경에 이른 바 아브라함이 하나님을 믿으니 이것을 의로 여기셨다는 말씀이 이루어졌고." 여기서 야고보는 바울이 로마서 4장 3절에서 인용한 구약 본문을 똑같이 인용하고 있습니다. 이것은 바울과 야고보가 서로 모순되는 주장을 펼치는 것이 아님을 암시하는 또 하나의 증거입니다. 둘 다 창세기 15장의 동일한 본문에 호소하는 것입니다. 이들 모두 오직 믿음으로 얻는 칭의를 가르치고 있습니다. 그런데 야고보는 칭의의 첫 시작점을 넘어서 성화의 지속적 과정을 향해 조금 더 나아가고 있습니다. 야고보는 우리가 오직 믿음으로 구원을 얻지만, 그 믿음의 진정성을 입증하기 위해, 우리의 믿음은 시험을 받게 될 것이라 말하고 있습니다. 이러한 야고보의 교훈에 따르면, 선한 행실을 생산해 내는, 성장하는 믿음에 대한 아무런 증거 없이, 우리가 단지 말로만 그리스도인이라고 주장할 수는 없다는 것입니다.

만에 하나라도, 야고보가 믿음과 동시에 행위로 말미암는 법정적 칭의에 대해 가르치는 것이라면, 그런 식의 교훈은 자멸할 것이 분명합니다. 야고보가 군이 이신칭의의 최고 증거 본문인 창세기 15장 6절을 인용한 까닭이 무엇이겠습니까? 본인 스스로 그것을 믿지 않는 한 말입니다. 오히려, 야고보는 바울이 로마서에서 주장한 것과 똑같은 사실을 지적하고 있습니다. 그는 바울의 인용절을 똑같이 인용할 수 있을 만큼 대범하고 확신에 차 있습니다. 정리하자면 이렇습니다: 야고보서 2장 23절은 아브라함이 믿음으로 의롭다 여김을 받은 창세기 15장을 인용하고 있습니다. 반면, 21절과 22절은, 30년 후, 아브라함의 믿음이 그의 행위를 통해 옳다고 증명된 창세기 22장을 언급하고 있습니다.

그리고 24절에서 그는 이러한 논지를 전체적으로 결론하고 있습니다. "이로 보건대 사람이 행함으로 의롭다 하심을 받고 믿음으로만은 아니니라." 이 구절을 읽을 때, 우리는 다소 긴장하거나 이마에 땀방울이 맺히기도 합니다. 뭔가 이상해 보입니다. 그러나 야고보는 사실상 바울이 가르친 것과 정확히 똑같은 교훈을 말하고 있습니다. 사실상, 이 교훈은 모세가 기록한 그것과 일치하고, 창세기 15장 6절에서 아브라함이 경험한 그것과도 정확히 일치합니다. 분명, 죄인은 오직 믿음으로 의롭다함을 얻습니다. 그러나 칭의를 이끌어낸 그 참된 믿음은 결코 단독으로 존재하지 않습니다. 반드시 선한 행실이 함께 뒤따르게 된다는 것입니다. 이렇게 표현하면 어떨까요? 어떠한 선한 행위도 그 자체로는 우리를 하나님 나라에 들어가게 할 수 없습니다. 그런데 믿음으로 하나님 나라에 한 번 들어간 사람에게는, 선한 행위가 항상 그 사람의 발자취에 남게 된다는 것입니다. 그 누구도 행위로 의롭다 함을 얻을 수 없습니다. 그러나 믿음으로 의롭다 함을 얻은 이후, 우리의 믿음은 반드시 선한 행실을 함께 동반할 것입니다. 만일 이런 모습을 도저히 찾아볼 수 없다면, 그런 사람은 스스로 하나님 나라에 들어갔다고 주장할지는 모르나 사실은 그렇지 않을 수 있습니다. 야고보는 바로 이 부분에 대해 지적하는 것입니다.

칭의의 뿌리가 있다고 하면서도 전혀 열매를 맺지 못한다면, 그 뿌리는 사실상 죽은 뿌리입니다. 그러므로 뿌리(믿음)로 칭의를 얻지만 결국 열매(행위)가 그 칭의를 확증해준다는 것입니다.

믿음을 증명한 라합Rahab: No Works to Save Her

그러면, 누가 구원을 얻을 수 있을까요? 이 문제와 관련해 야고보서 2장 25절은 우리에게 큰 위로와 격려를 주고 있습니다. 얼마나 죄 많은 사람인지 여부는 상관이 없습니다. 여러분이 하나님으로부터 얼마나 멀리 떨어져 있는 사람인지 여부도 관계가 없습니다. 만일, 하나님의 은혜로, 예수 그리스도를 믿고 오직 그분만을 신뢰한다면, 여러분의 과거와 현재의 불의함과는 상관없이, 하나님께서 여러분을 반드시 의롭다 여기실 것입니다. 하나님께서 우리의 모든 죄를 친히 씻기시고 사하여 주실 것입니다. 이것이 이신칭의 교리에 나타난 하나님의 은혜의 영광입니다. 야고보서 2장 25절입니다: "또 이와 같이 기생 라합이 사자들을 접대하여 다른 길로 나가게 할 때에 행함으로 의롭다 하심을 받은 것이 아니냐?"

우리는 여호수아서에 기록된 기생 라합의 이야기를 잘 알고 있습니다. 라합의 믿음은 그녀의 선한 행위로 증명되었습니다. 믿음으로 구원받은 라합은 큰 위험을 감수했습니다. 자신의 목숨을 걸고서 이스라엘 정탐꾼들을 숨겨주었던 것입니다. 사실, 그녀는 더 이상 이 세상에 속한 사람이 아니었습니다. 라합이 보여준 그 선한 행실은 그녀가 하나님의 나라에 이미 들어간 하나님 백성임을 증명하고 있습니다. 그녀는 여리고에 잠입한 두 정탐꾼들을 살리기 위해 자기 생명을 담보로 내놓기까지 했습니다. 이러한 모습은 기생 라합이 이미 믿음으로 의롭게 된 하나님의 자녀란 사실을 보여주는 강력한 증거입니다. 그녀의 믿음이 살아 있는 참 믿음임을 보여주는 확실한 증거가 바로 여기에 있습니다. 라합은 생사의 위기 속에서 엄청난 용기와 담대함으로, 하나님의 백성 편에 서서 그들의 생명을 보전했습니다.

25절에서, "이와 같이 기생 라합이……행함으로 의롭다 하심을 받은 것"이라 말할 때, 그 의미는 라합의 믿음이 행함으로 옳다 인정을 받았다는 것입니다. 라합은 믿음으로 의롭다 여김을 받았고justified by faith, 그녀의 믿음은 다시 행위로 옳다는 인정을 받았습니다justified by works. 즉, 라합의 믿음은 라합 자신의 행위를 통해 확증되고 증명된 것입니다. 이 큰 고비는 그녀가, 이미 의롭다 함을 받은 이후에, 사자들을 접대하여 다른 길로 나가게 할 때 맞이한 일입니다. 26절은 이렇게 결론합니다. "영혼 없는 몸이 죽은 것 같이 행함이 없는 믿음은 죽은 것이니라." 혹시 여러분은 '나에게 믿음이 있다'라고 말하지만, 정작 삶에서는 선한 행실이 전혀 나타나지 않고 있지는 않습니까? 그렇다면, 여러분은 영적으로는 죽은 시체와 다를 바 없습니다. 여러분 안에 영적 생명이 없다는 것입니다. 26절은 바로 그 사실을 지적하고 있습니다. 자기 자신을 살펴서, 나의 믿음이 살아 있는 참 믿음인지를 스스로 점검하고 확인하게 하는 경고의 말씀인 것입니다. 믿음의 뿌리는 반드시 믿음의 열매를 맺습니다.

오직 열매 있는 믿음으로 By Faith Alone That Is Not Alone

존 거스너John Gerstner는 믿음과 행함의 조화에 관한 우리의 논의를 다음과 같은 방식으로 정리할 수 있도록 조언합니다:

우리는 오직 믿음, 그러나 [열매 없이] 단독으로 존재하는 그런 믿음이 아닌, [참] 믿음으로 의롭다 여김 받는 것에 대해 아무리 강조해도 지나치지 않는다. 칭의는 행함 있는 믿음으로 말미암는다. 그러므로 행위과 상관없이 오직 믿음으로 의롭다 함을 얻는 개신교의 성경적 이신 칭의 교리의 의미를 다시 한번 설명하자면 이렇다. 하나님으로부터의 칭의는 선행의 공로merit of works와는 아무 상관이 없다. 그러나 칭의가 선행의 존재existence of works 와 아무 상관이 없다는 의미는 아니다. 기독교 신앙은 선 행의 공로와 무관한 칭의를 가르친다. 반면, '쉬운-믿음 주의'Easy-believism는 선행의 존재와 무관한 칭의를 가르 친다. 선행의 존재 자체가 결여된 믿음은 죽은 믿음이다. 따라서 야고보서의 충격효과는, 우리에게 신약의 야고보 서가 필요한 이유는, 로마서의 진리, 오직 믿음으로 의롭 다 함을 얻는다는 그 진리에 대해 아는 자들이 그것은 단 지 머릿속에서의 인지적 믿음이 아닌, 그 이상의 것이며, [구원은] 단지 감정적 믿음 이상의 어떤 것임을 깨닫도 록 도전하기 위함일 것이다. 이 믿음은 다름 아닌, 자신의 의지를 진정으로 발휘해 예수 그리스도께로 삶을 헌신하 게 만드는 참 믿음, 온전한 믿음이다. 이것이 야고보서의 고유한 가치다.[13]

---

13 John H. Gerstner, "The Nature of Justifying Faith," in Justification by

우리는 믿음으로 의롭게 되는 것일까요? 아니면 행위로 의롭게 되는 것일까요? 답은 우리가 하나님 앞에서 오직 믿음으로만 의롭다 인정함을 받는다는 것입니다. 그러나 우리의 믿음을 옳다고 확증해주는 장치가 바로 우리의 행위입니다. 우리의 선한 행실들은 우리의 믿음이 살아 있는 믿음, 구원에 이르는 참 믿음임을 효과적으로 증명해줍니다.

Faith Alone, ed. Don Kistler (Morgan, PA: Soli Deo Gloria, 2003), 115.

7 뿌리는 열매를 맺는다

The Root Produces the Fruit

이제 우리가 서론에서 다뤘던 사례로 돌아가 보겠습니다. 우리는 존스 씨와 스미스 씨 중에 누구를 교인으로 받아들여야 할까요? 혹시 둘 다 가능할까요? 물론, 다소 마음 아픈 일이기도 하지만, 여러분이 저의 생각에 동의하시길 바라며 답을 드리겠습니다: 우리는 그 두 사람 모두 교인으로 받아들일 수가 없습니다.

운영위원회 또는 당회 장로들과의 논의 후, 우리는 존스 씨를 목양실로 다시 불러들입니다. 그리고 담임 목사로서 여러분은 그에게 이렇게 이야기합니다: "존스 형제님, 오늘 이렇게 함께 해주셔서 감사드립니다. 또한 질문에 성심성의껏 답해주셔서 감사드립니다. 하지만 매우 안타깝게도 우리가 형제님을 생각할 때, 그리스도인인지 판단하기가 아직 확실하지 않기 때문에, 아직은 정식 교인으로 받아들이기 어렵다는 사실을 알려드리고자 합니다. 언젠가는 우리와 함께 동역하실 수 있길 바랍니다. 하지만 지금 우리가 보기에 형제님은 거듭난 그리스도인이 된다는 것의 의미를 정확히 모르시는 것 같습니다. 존스 씨, 사실대로 말하자면, 형제님은 우리 하나님 자녀들과는 매우 다른 방식의 언어를 쓰고 있습니다. 사랑하는 형제님에게, 더 솔직하게 말씀드리자면, 아마도 못 느끼실 수도 있지만, 형제님은 마치 바리새인과 흡사하기도 하고, 율법주의자 같은 면모를 보이고 있습니다. 형제님은 자기 자신에게, 하나님께 인정받을 만한, 어떤 선한 것 또는 어떤 공로가 있다고 여기는 것 같습니다. 형제님은 우리 자신의 최고로 선하고 의로운 모습조차 모든 것을 감찰하시는 거룩하신 하나님 앞에는 모두 더러운 걸레짝에 불과하다는 사실을 아직 잘 깨닫지 못하시는 것 같습니다."

이런 존스 씨를 교화하기 위해 필요한 교훈은 바울의 가르침입니다. 사람은 자신의 행위와 상관없이 오직 믿음으로 의롭다 함을 얻는다는 말씀이 그에게 반드시 필요합니다. 존스 씨 같은 분들은 기도하면서, 로마서, 갈라디아서, 에베소서, 빌립보서를 읽고 또 읽고, 깊이 묵상할 필요가 있습니다. 이 서신들에서 공통적으로 사도 바울은 우리에게 필요한 의는 우리 자신에게서 나온 의가 아니라 오직 하나님으로부터 오는 의임을 강력하게 선포하고 있습니다. 빌립보서에서 바울은 자신이 유대인으로서 한때 얼마나 율법의 의를 추구했는지 이야기합니다. 자신의 부모와 조상들, 그가 할례 받은 것, 그리고 율법의 규례에 따라 흠 없이 살았던 것들에 대해 자부합니다. 그러던 자신이 마침내 그리스도를 발견했다고 말합니다. 그리고 바울은 뭐라고 이야기합니까? "또한 모든 것을 해로 여김은 내 주 그리스도 예수를 아는 지식이 가장 고상하기 때문이라 내가 그를 위하여 모든 것을 잃어버리고 배설물로 여김은 그리스도를 얻고 그 안에서 발견되려 함이니 내가 가진 의는 율법에서 난 것이 아니요 오직 그리스도를 믿음으로 말미암은 것이니 곧 믿음으로 하나님께로부터 난 의라"(빌 3:8~9). 바울이 깨달은 것은, 오직 그리스도를 믿는 믿음으로 말미암아 얻는 하나님의 의, 오직 그것만이 가장 중요한 나의 전부라는 사실이었습니다.

존스 씨처럼, 오늘날 수많은 사람들이 하나님 앞에서 의롭다 인정받는 것의 의미를 전혀 모르고 있습니다. 또는 아는 것 같으나 제대로 알지 못하는 이들도 많습니다. 이것은 매우 비극적인 일이 아닐 수 없습니다. 영적으로 가장 끔찍한 상태에 처한 상황이라고도 할 수 있습니다. 그런 분들에게 여러분이 베풀 수 있는 가장 최선의 친절은 그들에게 믿음이 없으며, 하나님을 아는 지식도 없고, 스스로 속고 있으며, 멸망의 길로 치닫고 있다고 직언해주는 것입니다. 그들은 복음의 가장 기본조차 알지 못하는 불쌍한 사람들입니다.

사랑하는 형제자매 여러분, 우리들은 어떻습니까? 혹시 존스 씨에게서 나 자신의 모습을 보고 있지는 않습니까? 만일 그렇다면, 여러분은 여기서 뭔가를 배우고 깨달아야 합니다. 하나님께서 여러분이 반드시 깨닫고 알아야 할 것들에 대해 친히 교훈하여 주시길 기도합니다.

그러면 스미스 씨는 어떻습니까? 매우 안타까운 일이지만, 오늘날 우리 주변에 스미스 씨와 같은 분들이 너무나 많습니다. 그들은 존 번연John Bunyan의 천로역정에서 수다쟁이 씨Mr. Talkative를 떠올리게 합니다. 스미스 씨의 문제는 존스 씨의 그것과는 정반대입니다. 존스 씨가 율법주의자라면, 스미스 씨는 율법폐기론자입니다. 스미스 씨가 내뱉은 말은 모두 옳았지만, 그 말의 실체를 증명할 수 있는 것은 하나도 없었습니다. 입으로는 많은 말을 했지만 정작 그의 삶은 변하지 않았습니다. 경건의 능력이 전혀 나타나지 않은 것입니다. 스미스 씨가 지닌 것은 오직 뛰어난 언변뿐이었습니다. 이런 스미스 씨의 경우, 기도하는 마음으로 야고보서를 깊이 묵상해야 합니다. 사실, 야고보는 특히 스미스 씨 같은, 소위 '복음주의적 위선자들'을 겨냥해 이 편지를 기록했다고도 할 수 있습니다: "어떤 사람은 말하기를 너는 믿음이 있고 나는 행함이 있으니 행함이 없는 네 믿음을 내게 보이라 나는 행함으로 내 믿음을 네게 보이리라"(약 2:18).

여러분에게 질문하겠습니다: 여러분은 자신의 삶에서 열매가 맺히는 것을 보고 계십니까? 믿음의 뿌리로부터 자라난 선한 행실의 좋은 열매를 스스로 맛보고 계십니까? 여러분의 마음 깊은 곳에는 하나님께 순종하는 삶을 살고자 하는 순수한 열망과 다짐이 있습니까? 여러분은 자신의 삶에서 점점 더 체질화되고, 일상화되어가는 선한 행실들을 보고 계십니까? 여러분이 완벽한 삶을 사는지, 또는 결코 죄를 짓지 않는지를 따지는 것이 아닙니다. 우리 중에 누구도 그런 기준을 채울 수 있는 사람은 없습니다. 하지만, 하나님의 말씀과 주 예수 그리스도를 따르고자 하는 강한 내적 열망이 여러분 자신 안에 정말 있는지를 묻는 것입니다. 여러분은 죄를 지으면 심적으로 괴로워하십니까? 죄를 지으면 진심으로 애통해하십니까? 이 세상에 대한 애착들이 점점 식어져 가는 것을 느끼고 계십니까? 하나님을 향한 사랑과 그분에 대한 생각이 점점 더 꽃피워 자라나는 것을 경험하고 계십니까? 의로운 행위들이 삶에서 점증적으로 왕성해지는 것을 겪고 계십니까?

만일 이러한 질문에, 영혼의 진심을 담아서, 아주 작게나마 '예'라고 답하실 수 있다면, 여러분 속에는 열매 맺는 참 믿음이 그 뿌리를 내리고 있는 것이 분명합니다. 하나님에 대한 어떤 '크고 위대한 믿음'이 우리를 구원하는 것이 아닙니다. 오히려, '크고 위대하신 하나님'을 향한 믿음으로 구원을 얻는 것입니다. 여러분의 선한 행위는 여러분의 믿음이 유효한 것임을 말해줍니다. 삶에서 선한 행실이 나타날 때, 그것은 여러분의 믿음이 살아 있는 믿음이고, 구원에 이르는 참 믿음임을 확증해 줍니다. 여러분의 믿음의 뿌리는 생기 없는 모조품이 아니라 생명력 있는 진품인 것입니다.

반대로, 여러분이 삶에서 이중적인 모습만 본다면, 즉 주일에는 예배에 참석하고 하나님의 말씀을 듣지만, 다시 세상에서는 변화되지 않는 옛 모습으로 살아간다면, 그것은 결코 그냥 넘어갈 문제가 아닙니다. 여러분은 스스로에게 질문해야 합니다. '나의 믿음이 참 믿음일까? 나의 믿음은 정말 살아 있을까? 내 안에 과연 하나님이 선물로 주신 그 믿음이 사랑스럽게 뿌리를 내리고 있을까?'

우리는 오직 믿음으로 구원을 얻습니다. 그러나 구원하는 믿음은 결코 단독으로 존재하지 않습니다. 그것은 언제나 우리의 선한 행실을 동반합니다. 처음에는 작고 사소해 보이는 선행이라 할지라도 그 자라나는 것의 실체는 반드시 있습니다. 우리의 삶에서 그런 선한 것들을 목격하게 된다면, 하나님께서 그의 선하시고 기쁘신 뜻을 이루기 위하여 우리 삶에서 친히 역사하고 계심을 확신할 수 있을 것입니다. 선한 행실과 그런 열의가 여러분의 심령 속에서 계속 솟구쳐 오를 때, 여러분은 영생의 선물을 확신할 수 있을 것입니다. 그렇다면 여러분은 하나님의 은혜로, '이것은 내 안에 심겨진 하나님 은혜의 초자연적 역사가 분명하다'고 결론할 수 있을 것입니다. 오직 하나님만이 여러분을 영적 유아기와 유년기를 거쳐, 믿음의 청소년기와 청년기로 자라게 하실 수 있습니다. 그리고 마침내 그리스도 안에서 영적으로 장성한 분량에 이른, 성숙한 그리스도인이 되게 하실 것입니다. 인생의 여정에서 이러한 영적 성장의 시기를 거친다면, 그리스도를 향한 그 믿음의 진정성이 입증될 것입니다. 우리의 믿음은 하나님의 선물입니다. 그것은 우리 자신에게서 나온 것이 아닙니다. 그리고 하나님께서 우리에게 그 믿음을 선물로 주실 때, 그 믿음에는 언제나 생명력이 있습니다. 그 믿음은 앞으로도 언제나 살아 움직일 것이며, 선한 행실로써 자신의 실체를 증명해 보일 것입니다.

결론적으로, 바울과 야고보는 믿음으로 의롭다 함을 얻는 이신칭의 교리에 대해 같은 목소리를 내고 있습니다. 다만 그들은 서로 다른 관점에서 그 믿음을 주목하고 있을 뿐입니다. 바울은 율법의 행위로 구원받았다고 주장하는 사람들에 대해 폭로하며, 그들을 향해, 오직 그리스도를 믿는 믿음만이 우리를 구원한다고 선포합니다. 바울은 우리 자신의 깊은 내면으로 파고들어 가 우리가 받은 칭의의 근본 뿌리에 대해 면밀히 살펴보게 합니다. 반면 야고보는, 스스로 믿음이 있다고 하면서도 실제로 그런 주장과는 모순되는 행동을 보이는 위선자들, 열매가 모조품이고 따라서 그 뿌리도 가짜임을 드러내는 자들에 대해 폭로하고 있습니다. 바울은 오직 믿음으로 구원 얻는다는 사실에 강조점을 두고 있고, 야고보는 그 구원의 믿음이 결코 단독으로는 존재하지 않는다는 사실을 덧붙여 말하는 것입니다. 우리가 참 그리스도인이라면 우리는 오직 믿음으로 의롭다 칭함을 받은 하나님의 자녀들입니다. 그리고 우리 안에 있는 구원에 이르는 참믿음은 일하는 믿음입니다. 우리 안에 있는 이러한 칭의의 뿌리는 언젠가는 반드시 칭의에 합당한 열매를 맺게 할 것입니다.